Taekwondo Kids

Aus Gründen der besseren Lesbarkeit haben wir uns entschlossen, durchgängig die männliche (neutrale) Anredeform zu nutzen, die selbstverständlich die weibliche mit einschließt.

Dornemann/Rumpf

Taekwondo Kids

Band 1:

Weißgurt bis Gelbgrüngurt

Meyer & Meyer Verlag

Taekwondo Kids – Weißgurt bis Gelbgrüngurt

Bibliografische Information der Deutschen Nationalbibliothek
Die Deutsche Nationalbibliothek verzeichnet diese Publikation in der Deutschen Nationalbibliografie; detaillierte bibliografische Daten sind im Internet über http://dnb.d-nb.de abrufbar.

5. Auflage 2016

Auckland, Beirut, Dubai, Hägendorf, Hongkong, Indianapolis, Kairo, Kapstadt, Manila, Maidenhead, Neu-Delhi, Singapur, Sydney, Teheran, Wien

Member of the World Sport Publishers' Association (WSPA)
Gesamtherstellung: Print Consult GmbH, München
ISBN 978-3-89899-610-5
E-Mail: verlag@m-m-sports.com
www.dersportverlag.de

Inhalt

Danksagung

Wir möchten uns bei allen Taekwondoin, Freunden und Bekannten, die uns bei der Entstehung unserer Reihe „Taekwondo Kids" mit Rat und Tat unterstützt haben, bedanken, insbesondere für die Anregungen, Tipps und die Durchsicht des Manuskripts bei Willi Kloss (9. Dan WTF), Thomas Behrendt (5. Dan WTF), Christian Böcker (2. Dan WTF) und Beate Füssel (2. Dan WTF).

Unser besonderer Dank gilt allen Taekwondokindern, die jahrelang diese Kampfkunst trainieren und unermüdlich an sich arbeiten, sowohl im physischen als auch in mentalen Sinn. Durch das Unterrichten dieser Kinder ist unser Verständnis für die Kampfkunst und die menschliche Wesensart tiefer geworden.

Wir haben gelernt.

Lieber Taekwondoin!

Mit diesem Buch hältst du einen Leitfaden zur praktischen Übung in der Hand, der dich auf dem Weg beim Erlernen der koreanischen Kampfkunst begleiten soll. Eigentlich jeder, der Taekwondo praktiziert, gerät beim Lernen und Üben an Punkte, an denen Fragen auftauchen: Mache ich alles richtig? Wozu dient eigentlich diese Technik? Was muss ich für meine nächste Gürtelprüfung wissen und können? Solche Fragen stellen sich nicht nur dem Anfänger, sondern auch dem Fortgeschrittenen und selbst noch dem Meister. An welcher Stelle du auch stehst, es gibt immer noch etwas dazuzulernen.

Wenn du während des Trainings Fragen hast, so ist dein Lehrer bzw. Trainer für dich da, um diese zu klären und dir zu helfen. Häufig tauchen aber auch Fragen gerade nach dem Training oder während des Übens zu Hause auf. Da dir dann kein Lehrer zur Seite steht, der sie dir beantwortet, ist es gut, wenn man sich an anderer Stelle informieren kann, wie beispielsweise in einem praktischen Handbuch. Damit du nach dem Training mit deinen Fragen nicht im Regen stehst, haben wir dieses Buch für dich geschrieben. Hier findest du hoffentlich alle wichtigen Antworten, Tipps und Anregungen.

In erster Linie ist dieses Buch eine Begleitung zu deinem eigentlichen Training. Du kannst aus ihm natürlich auch erste Eindrücke gewinnen und wichtige Dinge über Taekwondo erfahren, wenn du noch nicht mit dem Training in einer Schule oder einem Verein begonnen hast. Allerdings solltest du nicht denken, man könne eine Kampfkunst allein aus einem Buch und ohne Begleitung durch einen Lehrer erlernen. Das wäre so, als würde man Fußballprofi allein schon dadurch, dass man sich genügend Pokalspiele im Fernsehen ansieht. Aber so einfach ist es nun einmal leider nicht. Wenn du also noch kein Taekwondo betreibst und dieses Buch dein Interesse weckt, wende dich an einen Verein oder eine Schule in deiner Umgebung.

Ganz gleich, ob du zunächst mal in das Thema hineinschnuppern möchtest oder schon mit dabei bist, wir wünschen dir viel Erfolg bei der Praxis von Taekwondo.

Band 1 unserer Reihe enthält alles Wissenswerte für Einsteiger in die koreanische Kampfkunst vom Weißgurt bis zum Gelbgrüngurt. Die behandelten Techniken entsprechen dem Reglement der „World Taekwondo Federation" (WTF) einschließlich der innerhalb der WTF praktizierten Übungsformen **poomsae**.

Die einzelnen Übungen und Techniken werden dir von den „Taekwondo Kids" gezeigt und erklärt. Die Kinder in diesem Buch repräsentieren jeweils einen bestimmten Gürtelgrad. Jedes Kind beschreibt dir die Techniken seiner persönlichen Gürtelfarbe bzw. die Techniken, die es zu seiner nächsten Gürtelprüfung benötigt. Auf der nachfolgenden Seite werden dir die einzelnen Taekwondoin (so lautet die Bezeichnung für jemanden, der Taekwondo praktiziert) vorgestellt.

Bevor es mit den Übungen losgeht, erfährst du im Kapitel „Geschichte des Taekwondo" erst einmal allerhand Wesentliches über diese koreanische Kampfkunst, z. B. wie und wo Taekwondo entstanden ist und wozu es nützlich ist.

Nach dem theoretischen Teil beginnen die Beschreibungen der eigentlichen Übungen und am Ende findest du noch einen Anhang mit Diagrammen, einem Fachwortlexikon und anderen hilfreichen Ergänzungen.

Du kannst das Buch vom Anfang bis zum Ende durchlesen oder aber schon direkt an der Stelle starten, die dich interessiert. Die Themen zu deiner speziellen Gürtelfarbe findest du ganz einfach, indem du dich an den farbigen Markierungen am Seitenrand orientierst (oder du greifst ganz einfach auf das Inhaltsverzeichnis ganz vorne im Buch zurück).

Die Übungen und Techniken für Fortgeschrittene ab dem grünen Gürtel findest du im zweiten und dritten Band unserer Reihe.

Jetzt aber viel Spaß mit den Taekwondo Kids und viel Erfolg bei den Übungen!

Die Taekwondo Kids

Kira, Micha, Johanna, Farid und Suko sind fünf Freunde, die gemeinsam im Verein Taekwondo trainieren. Sie trainieren unterschiedlich lange und haben deshalb verschiedene Gürtelgrade. Sie werden dir im Buch jeweils die Techniken zeigen, die sie für ihre nächste Prüfung benötigen.

Kira ist 9 Jahre alt und macht erst seit kurzem Taekwondo. Als Anfängerin trägt sie einen weißen Gürtel. Sie zeigt dir die Techniken für ihre erste Prüfung zum weißgelben Gurt (9. **kup**).

Micha ist 12 und schon seit einigen Monaten in der Gruppe. Er bereitet sich auf seine Prüfung zum Gelbgurt (8. **kup**) vor.

Johanna, Michas Schwester, ist 11 Jahre alt und macht demnächst ihre Prüfung zum gelbgrünen Gürtel (7. **kup**).

Farid, 10 Jahre, hat bereits den gelbgrünen Gürtel.

Die Techniken, die er für seine Prüfung zum Grüngurt braucht, findest du im nächsten Band dieser Reihe. In diesem Buch „assistiert" er den anderen bei ihren Übungen.

Suko ist 13 und betreibt schon seit mehreren Jahren Taekwondo. Er hat früh mit dem Training begonnen und besitzt deshalb schon den 3. Meistergrad für Kinder und Jugendliche (3. **poom** – bei den Erwachsenen heißt der Meistergrad **dan**). Er führt dich durch das Buch und weiß einiges über Taekwondo zu erzählen.

Geschichte des Taekwondo

Schon seit ewigen Zeiten haben Menschen auf der ganzen Welt untereinander gekämpft, ob im jugendlichen Alter, um durch Ringen die Kräfte zu messen oder um den Rang in der jeweiligen Sippe festzulegen. Irgendwann sind Menschen dazu übergegangen, die Techniken dieser Kämpfe zu verfeinern und zu systematisieren. Aus diesen Überlegungen heraus entstanden die ersten Kampfsysteme. Mit der Einführung der Feuerwaffen sind in der westlichen Welt viele dieser Kampfkünste verschwunden bzw. in Vergessenheit geraten. In Asien sind in vielen Ländern Kampfkünste erhalten geblieben und haben sich sogar über die Jahrhunderte weiterentwickelt.

Zeichnungen nach alten koreanischen Reliefs und Grabbildern

In Korea weisen Grabkammermalereien auf die Vorläufer des Taekwondo hin. Zu dieser Zeit wurde der chinesische Einfluss der Han-Dynastie (206 v. Chr. – 220 n. Chr.) immer schwächer und es entstanden drei Königreiche: Silla, Koguryo und Paekche. Im kleinsten Reich Silla entstand eine Jugendbewegung, die Hwa-Rang, die sich in der Jagd, religiösen Bräuchen und der Selbstverteidigung übte. Aber auch in den anderen Königreichen sind Vorläufer des Taekwondo unter dem Namen **Subyokta**, **Subak**, **Kwonbaek**, **Byon** und **Tagyok** ausgeübt worden.

Im Jahre 918 n. Chr. wurden alle drei Königreiche unter dem Namen Koryo (Korea) vereinigt. Die Kampfkünste traten immer mehr in den Hintergrund und Schriftsteller und Dichter erfuhren große Förderung.

Die Kampfkunst erreichte erst wieder einen Höhepunkt nach einer Staatsrevolte. Zu dieser Zeit war die Kampfkunst Subakhi in der Bevölkerung weit verbreitet und wurde systematisch gefördert. Während der Yi-Dynastie (1392-1910) verlangte die Staatsprüfung für höhere Beamte unter anderem den erfolgreichen Kampf gegen drei Mitbewerber.

1910 besetzten die Japaner das Land und koreanische Kampfkünste wurden bis zur Befreiung Koreas verboten.

1955 schlossen sich verschiedene Stilrichtungen, wie z. B. Ji Do Kwan, Mu Do Kwan oder Oh Do Kwan, zusammen und gaben sich den einheitlichen Namen Taekwondo.

1973 fanden die ersten Weltmeisterschaften in Seoul, Korea, statt und die World Taekwondo Federation (WTF) wurde gegründet.

1976 wurde die Europäische Taekwondo Union (ETU) und 1981 die Deutsche Taekwondo Union (DTU) gegründet.

Weißer Gurt (10. kup)

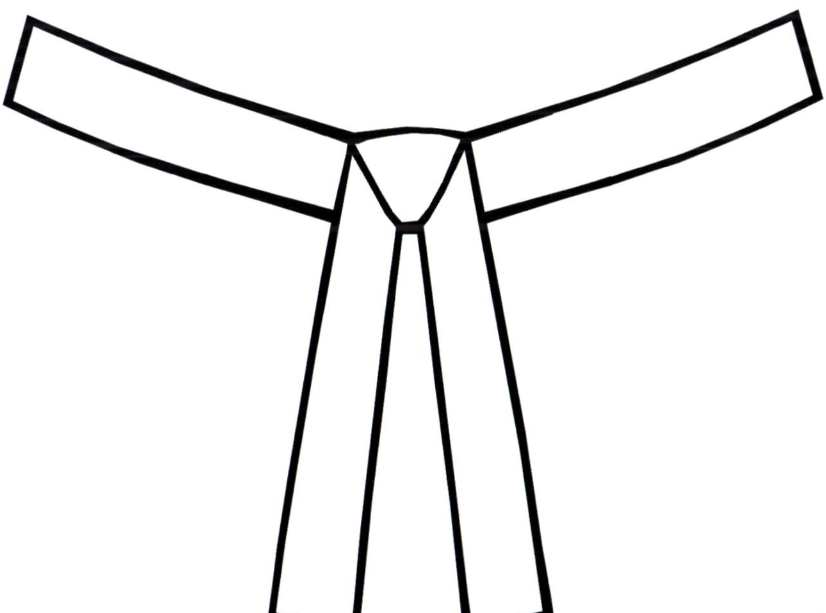

1 Hi Freunde!

Ich heiße Suko, bin 13 Jahre alt und komme aus Korea, wie die Kampfsportart, die ich betreibe: Taekwondo. Seit meinem fünften Lebensjahr mache ich TKD. Ich habe den 3. **poom**. Was das heißt, erkläre ich euch später noch. Mein Kampfsport geht auf über 2.000 Jahre alte Traditionen zurück. Schon immer haben Menschen gerangelt, miteinander getobt, ob als Spiel oder als Training. Die alten Kampfsportarten hießen früher z. B. Subak oder Taekyon. Erst 1955 wurden verschiedene Schulen unter dem Namen Taekwondo zusammengefasst. In diesem Wort steht **tae** für alle Fußtechniken, **kwon** bezeichnet alle Handtechniken und **do** bedeutet Weg. Damit ist die körperliche und geistige Entwicklung gemeint, die durch jahrelanges Training entsteht.

Ich bin vor zwei Jahren nach Deutschland gekommen, weil mein Vater Gastprofessor in Deutschland geworden ist.

Durch meinen Kampfsport habe ich schnell viele Freunde gewonnen. Viele von ihnen wollten Taekwondo kennen lernen, deshalb trainiert mein Vater mit uns. Wir haben einen Trainingsraum (**dojang**) in der Universität, in dem wir 2 x pro Woche trainieren.

Zum Trainieren tragen wir einen Taekwondoanzug, den **dobok**. Wenn du gerade erst mit Taekwondo beginnst und erst einmal hineinschnupperst, reicht für die ersten Male natürlich auch andere Sportbekleidung aus. Sobald du dich jedoch entschieden hast, Taekwondo ernsthaft zu betreiben, solltest du dir einen **dobok** zulegen. Allerspätestens zu deiner ersten Prüfung wirst du ihn benötigen.

Der **dobok** ist in seiner Grundfarbe weiß. Das bedeutet, dass der Schüler noch wie ein unbeschriebenes Blatt oder wie ein leeres Glas ist, in das noch neues Wasser (Wissen) gegossen wird. Nur der Meister darf ein wenig schwarz (z. B. am Kragen) tragen, weil sein Wissen und Können größer ist als das der Schüler. Der Anzug bleibt aber auch bei ihm hauptsächlich weiß, denn das Lernen hört nie auf.

Zum **dobok** gehört auch ein Gürtel, der **ty**. Beim Anfänger ist auch dieser weiß. Bei höheren Schülergraden ist er farbig, die jeweilige Farbe zeigt an, welchen Schülergrad (**kup**) ein Taekwondoin innehat.

Am Anfang muss man erst einmal lernen, wie man den Gürtel richtig bindet. Am einfachsten ist es, wenn du den **ty** so zusammenlegst, dass beide Enden glatt übereinander liegen – der Gürtel darf sich dabei nicht verdrehen. Die Gürtelmitte, dort, wo er beim Zusammenlegen geknickt ist, legst du an deinen Bauch und bindest die beiden Gürtelhälften erst einmal nach hinten. Da, wo der Gürtel an deinem Rücken wieder zusammentrifft, legst du die eine Hälfte über die andere und führst die beiden Gürtelenden wieder nach vorne. Hierbei ist es wieder wichtig, dass der Gürtel glatt auf dem **dobok** sitzt und nicht verdreht ist. Die Gürtelenden vorne müssten nun immer noch gleich lang sein. Jetzt nimmst du das eine Ende und führst es über das andere Ende und unter dem Gürtel an deinem Bauch durch. Das untere Ende wird nun mit dem oberen Ende verknotet.

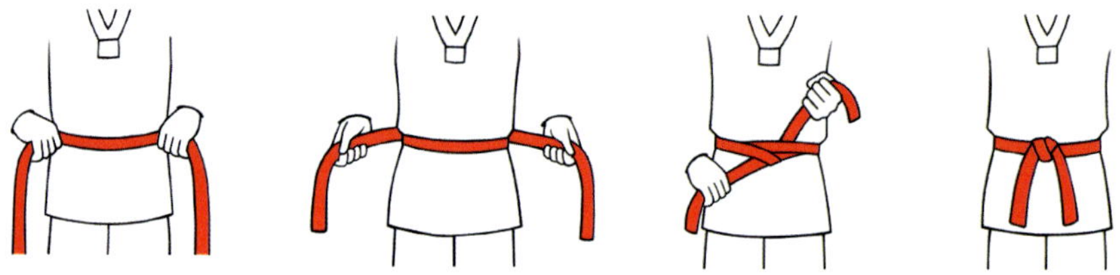

Für einen Anfänger ist das Gürtelbinden gar nicht so einfach. Du solltest es dir daher die ersten Male unbedingt von anderen zeigen lassen.

Sobald man vor dem Training den Gürtel umgebunden hat, bedeutet das, dass man für das Training bereit ist und man sich nur noch auf Taekwondo konzentriert. Man soll mit Gürtel weder essen noch trinken oder Kaugummi kauen. Nach dem Training, bevor du irgendetwas anderes tust, bindest du deinen Gürtel wieder ab.

Wenn man den Trainingsraum betritt, verbeugt man sich aus Respekt und Höflichkeit vor den anderen und als Zeichen dafür, dass man mit dem Kopf jetzt voll und ganz beim Training ist.

Wenn das Training beginnt, stellen wir uns alle vor dem Lehrer (**sabum**) auf, vom höchsten Gurt angefangen bis zum Anfänger.

Der Anfänger hat einen Weißgurt (10. **kup**), weil er wenig oder noch gar nichts weiß.

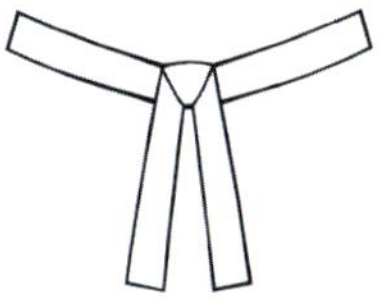

Als Zeichen, dass der Trainierende auf dem Weg zum Gelbgurt ist, hat z. B. Micha einen gelben Streifen (9. **kup**) an seinem Weißgurt.

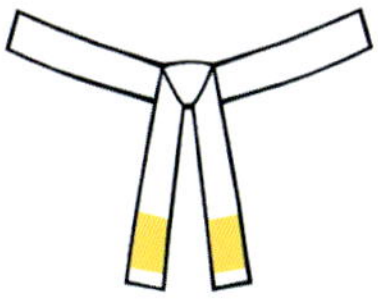

Johanna hat schon den Gelbgurt (8. **kup**). Gelb bedeutet Erde. Die Erde ermöglicht erst das Wachstum der Pflanzen, der gelbe Gürtel bedeutet also im übertragenen Sinn die Bereitschaft zum Wachstum des Schülers.

Der zweite Gelbgurt hat einen grünen Streifen (7. **kup**).

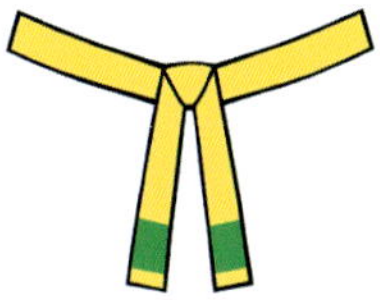

Grün (6. **kup**) steht für die Pflanzen, die auf der Erde wachsen. Auch hier bedeutet der grüne Gürtel wiederum, dass das Taekwondowissen beim Schüler nun wächst.

Für den zweiten Grüngurt erhält man einen blauen Streifen (5. **kup**).

Die nächste Stufe ist der Blaugurt (4. **kup**). Er symbolisiert den Himmel, dem die Pflanzen aus der Erde entgegenwachsen.

Als zweiten Blaugurt erhält man einen roten Streifen (3. **kup**).

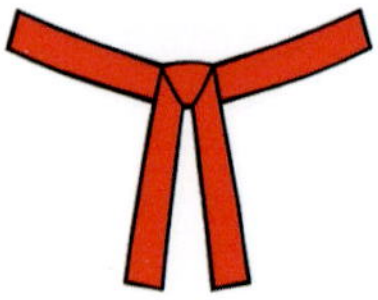

Diesem folgt der Rotgurt (2. **kup**), der symbolisiert, dass hier etwas Besonderes entsteht, deshalb die rote Signalfarbe.

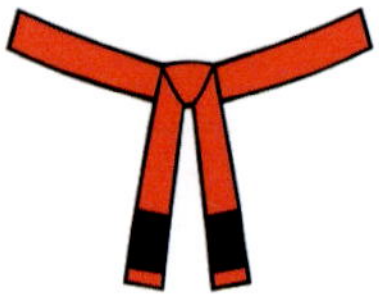

Als letzten Schülergurt gibt es den Rotgurt mit einem schwarzen Streifen (1. **kup**). Das ist die letzte Schülerstufe vor dem Kindermeistergrad (**poom**).

Für jeden Gurt muss man eine Prüfung ablegen und zeigen, dass man die jeweiligen Techniken beherrscht.

Für den 10. **kup** muss man heute keine Prüfung mehr machen. Früher bestand diese Prüfung daraus, dass man den Trainingsanzug (**dobok**) richtig zusammenlegen konnte, man musste den Gürtel richtig binden können und man musste erklären, wie man sich im Trainingsraum (**dojang**) verhält.

2 Verhalten im Trainingsaum (dojang)

Für das Verhalten eines Taekwondoin im **dojang** gibt es bestimmte Regeln. Diese Regeln, die auch Höflichkeit und Bescheidenheit beinhalten, gelten nicht nur für den eigenen Trainingsraum, sondern auch besonders in Gasttrainingsräumen und zum Teil auch außerhalb des **dojangs**.

Beim Eintritt in den Trainingsraum bleibt man stehen, schließt die Füße und neigt den Oberkörper, die Arme befinden sich seitlich am Körper. Durch diese Verneigung erweist man den im Trainingsraum anwesenden Taekwondoin Respekt und zum anderen zeigt man die Bereitschaft, ernsthaft trainieren zu wollen und seine volle Konzentration für das Training zu aktivieren.

Zu Beginn des Trainings stellen sich alle gemeinsam dem Lehrer gegenüber auf, sortiert nach Gürtelfarben. Auf das Kommando: „Achtung! Grüßen!", (**charyot kyongne**) wird die gleiche Verbeugung durchgeführt wie beim Eintritt in den Trainingsraum.

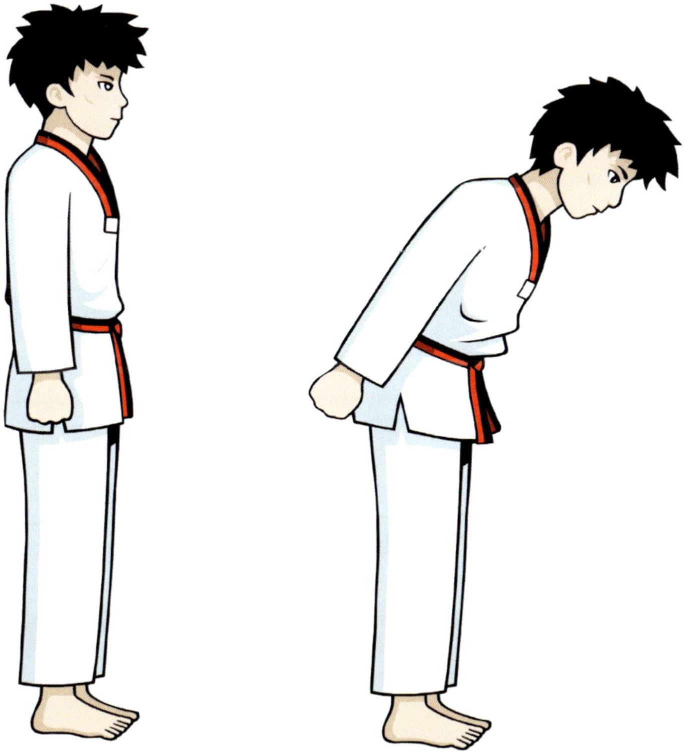

Mit dieser zweiten Verbeugung zeigt man, dass man seinen Lehrer und jeden im Raum befindlichen Schüler respektiert.

Ab dem Betreten des Trainingsraums sollte nicht mehr gesprochen werden, um sich auf die Übungen konzentrieren zu können und um die anderen nicht zu stören.

Bei Partnerübungen verhält man sich auch ruhig, zeigt Respekt und bleibt immer fair. Um dieses Verhalten zu bekräftigen, verneigt man sich vor dem Partner, vor und nach der Übung.

Der weiße Trainingsanzug sollte immer sauber und ordentlich angezogen werden, mit richtig gebundenem Gürtel.

Alle Schüler sind zunächst einmal gleich und unterscheiden sich nur durch die farbigen Gürtel (= unterschiedlich fortgeschritten).

Am Ende des Trainings stellen sich alle wieder auf und verneigen sich vor dem Lehrer (**sabum**).

Als letzte Aktion des Trainings verneigt man sich beim Verlassen des Trainingsraums.

Trainingsanzug und Gürtel (**ty**) sollen nur zum Training getragen werden. Der Gürtel sollte nur in Verbindung mit dem vollständigen Trainingsanzug getragen werden und man sollte dann weder essen noch trinken.

Du solltest dich außerdem an folgende Regeln halten:

1.) Bescheidenheit

Stufe deine Leistungen nicht zu hoch ein und prahle nicht vor den anderen Schülern.

2.) Höflichkeit

Behandle deine Mitschüler immer zuvorkommend und freundlich.

3.) Respekt

Respektiere deinen Lehrer und alle Mitschüler. Letztendlich deutest du diese Tugend ja schon durch die Verbeugungen an.

4.) Fairness

Sei bei Partnerübungen immer fair und ohne Hintergedanken. Auch unsportliches Verhalten ist nicht erwünscht.

5.) Selbstbeherrschung

Werde während des Trainings nie wütend, auch wenn du meinst, ungerecht behandelt worden zu sein. Komme stets pünktlich und verhalte dich im Trainingsraum diszipliniert.

6.) Geduld

Auch wenn manche Übungen sehr oft wiederholt werden und man manchmal lange bis zur nächsten Gürtelprüfung warten muss, zeige Geduld. Schließlich wird deine Geduld und Ausdauer belohnt.

7.) Hilfsbereitschaft

Sei während des Trainings anderen Schülern gegenüber immer hilfsbereit. Vielleicht kannst du sogar dem Lehrer dabei helfen, neue Schüler in die Gruppe zu integrieren.

8.) Ehrlichkeit

Sei deinen Mitschülern und deinem Lehrer gegenüber immer ehrlich und neige nicht zu Übertreibungen (siehe: Bescheidenheit).

3 Das Aufwärmen

Jedes Training beginnt mit einem Aufwärmprogramm. Erst erfolgt ein Herz-Kreislauf-Training z. B. durch Laufen oder Hüpfen auf der Stelle. Danach werden Dehn-übungen durchgeführt. Da es so viele Möglichkeiten für dieses Aufwärmprogramm gibt und jeder Lehrer seine eigene Methode dabei hat, wollen wir hier keine einzelnen Übungen vorstellen. Nach dem Aufwärmen beginnen die eigentlichen Übungen: Blöcke, Schläge und Tritte.

4 Was du jetzt schon weißt ...

Im Abschnitt über den Weißgurt hast du schon einiges gelernt, was du als Grundlage für dein Taekwondotraining wissen musst. Du weißt, wie man den **ty** bindet und wie man sich während des Trainings verhalten sollte, aber du kennst nun auch schon eine Reihe koreanischer Begriffe. Damit du dir diese leichter einprägen kannst, hast du sie hier, am Ende des ersten Abschnitts, noch einmal auf einen Blick. Am Ende der nächsten Abschnitte findest du immer die jeweils neuen Begriffe, damit du sie Schritt für Schritt lernen kannst.

Als Anfänger musst du dir diese noch nicht alle merken können. Es ist jedoch gut, so früh wie möglich damit zu beginnen, sie sich einzuprägen, da du sie als Fortgeschrittener auf jeden Fall wissen solltest. Warum unbedingt koreanische Begriffe? Sie werden von Taekwondoin auf der ganzen Welt benutzt und wenn du sie beherrschst, wirst du überall, wo du Taekwondo trainierst, verstehen, welche Techniken gemeint sind, ob in Frankreich, Australien oder Brasilien. Darüber hinaus werden auch in anderen Kampfsportarten, ob sie nun aus China, Japan oder anderswo herkommen, die Begriffe in der jeweiligen Landessprache verwendet.

Wenn du einzelne Wörter nachschlagen willst, findest du hinten im Anhang des Buches ein alphabetisch geordnetes Wörterverzeichnis mit allen Begriffen, die hier in Band 1 auftauchen.

Du solltest auch langsam anfangen, auf Koreanisch zu zählen, wenigstens die ersten 10 Zahlen. Zum Üben stehen sie auf der nächsten Seite.

5 Koreanische Begriffe I

dojang	Trainingsraum
dobok	Trainingsanzug
ty	Gürtel
kup	Schülergrad
poom	Meistergrad für Kinder und Jugendliche
dan	Meistergrad für Erwachsene
sabum	Lehrer

Wichtige Kommandos:

charyot kyongne	Achtung! Grüßen!
chunbi	bereitmachen bzw. in Bereitschaftsstellung gehen
sijak	anfangen
guman	Ende der Übung bzw. zurück in Bereitschaftsstellung

Zahlen:

hana	eins
dul	zwei
set	drei
net	vier
dasot	fünf
yosot	sechs
ilgup	sieben
yodol	acht
ahop	neun
yol	zehn

B Block II:

Weißgelber Gurt (9. kup)

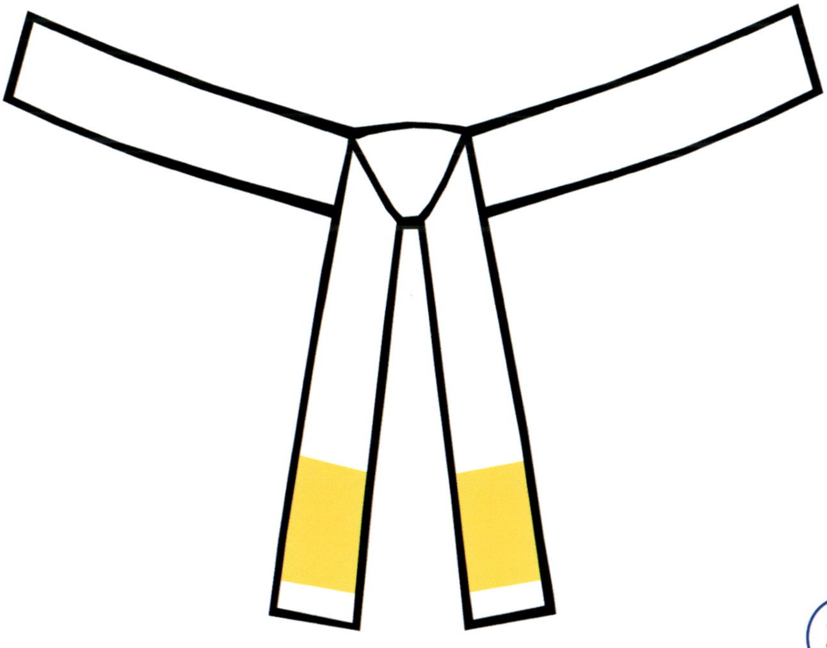

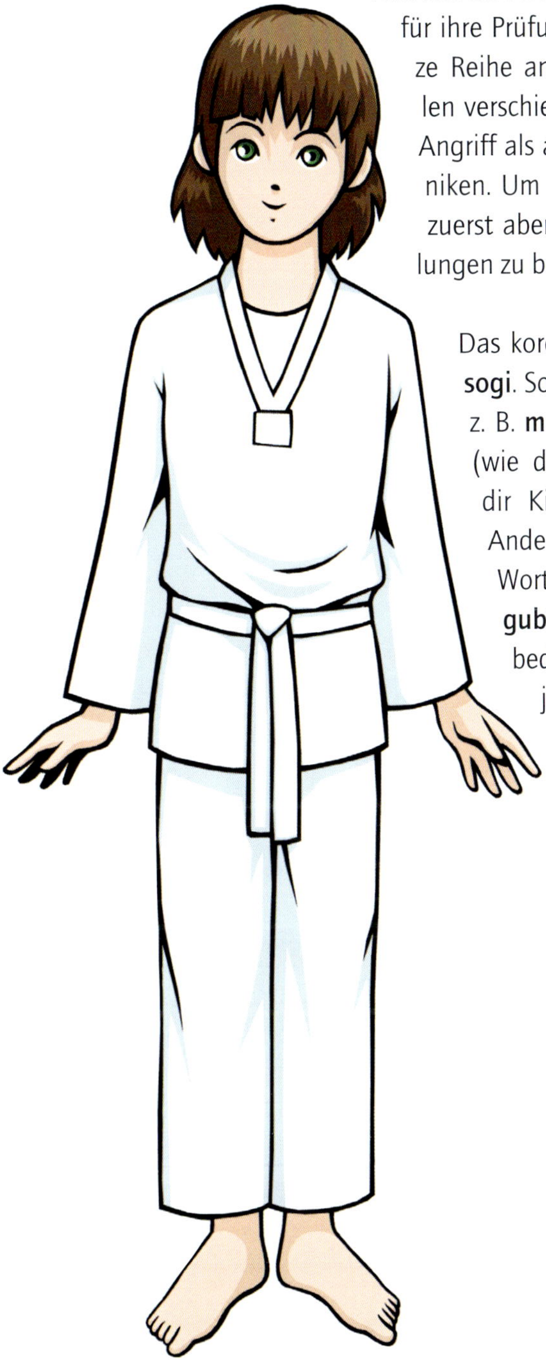

Kira hat als Neuling den weißen Gürtel. Sie lernt für ihre Prüfung zum 9. **kup** bereits eine ganze Reihe an Grundtechniken. Hierunter fallen verschiedene Schläge und Tritte für den Angriff als auch mehrere Verteidigungstechniken. Um diese richtig anzuwenden, ist es zuerst aber ganz wichtig, einige Grundstellungen zu beherrschen.

Das koreanische Wort für Stellung heißt **sogi**. So heißen die einzelnen Stellungen z. B. **moa sogi**, **kima sogi** oder **ap sogi** (wie diese Stellungen aussehen, zeigt dir Kira auf den folgenden Seiten). Andere Stellungen haben anstelle des Wortes **sogi** das Wort **gubi** (z. B. **ap gubi** oder **dwit gubi**). Dieses Wort bedeutet „gebeugt". Es bezeichnet jene Stellungen, bei denen ein Knie stark gebeugt wird.

1 Stellungen

moa sogi (geschlossene Stellung)

Du stehst aufrecht und mit beiden Füßen zusammen.

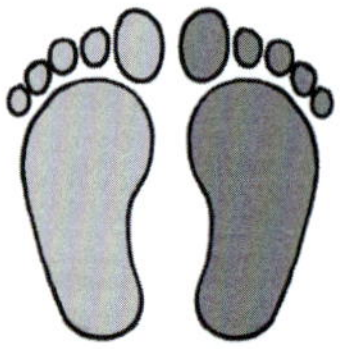

Füße zusammen

pyonhi sogi (parallele Stellung)

Setze das linke Bein nach außen, bis die Stellung schulterbreit ist. Die Zehen zeigen nach vorne.

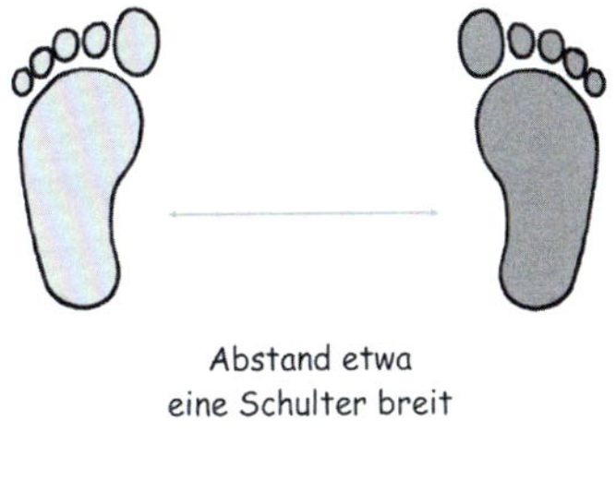

chunbi sogi bzw. gibon chunbi (Bereitschaftsstellung)

Stelle dich in **pyonhi sogi** hin und nimm die Fäuste so vor den Gürtel, dass sie eine Faustbreite auseinander sind und zueinander zeigen. Versuche, die Arme so zu halten, dass sie ein Oval bilden. Die Fäuste sollten auch eine Faustbreite vor dem Gürtel sein.

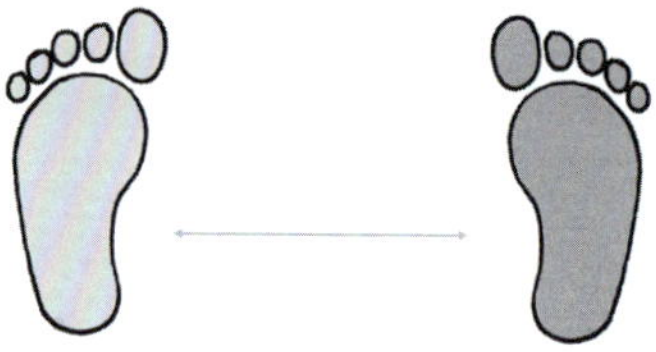

B

kima sogi (Reitersitzstellung, Füße parallel)

Wenn du in **pyonhi sogi** stehst, stellst du das linke Bein noch einmal so weit nach außen, bis deine Schulterbreite 2 x dazwischen passt. Die Füße sind parallel und die Zehen zeigen nach vorne. Die Knie sind stark angewinkelt und zeigen leicht nach außen.

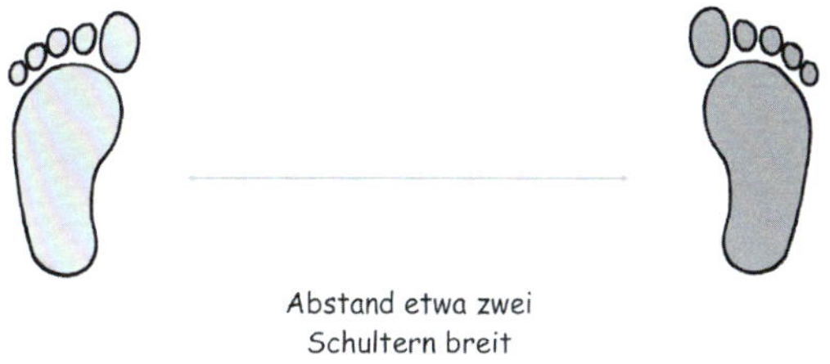

chuchum sogi (Reitersitzstellung, Füße gespreizt)

Diese Stellung ist ähnlich wie **kima sogi**, nur sind die Knie nicht so stark gebeugt und die Füße müssen nicht parallel stehen. In manchen Schulen oder Vereinen wird **kima sogi** nur noch selten gezeigt, meist wird nur **chuchum sogi** gelehrt.

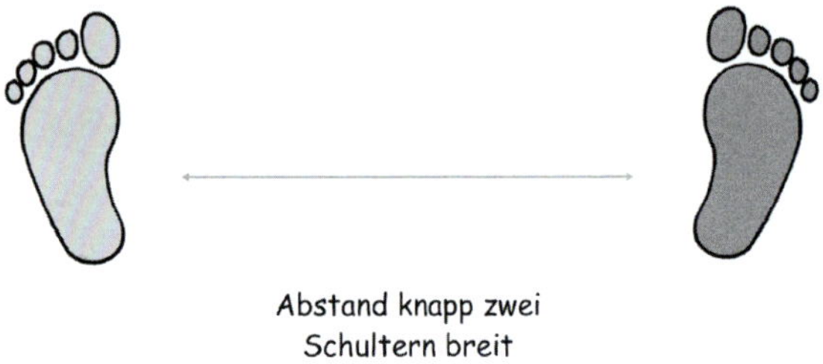

ap sogi (kurze Vorwärtsstellung)

Ein Fuß steht, mit einer halben Schulterbreite Abstand, vor dem anderen. Die Zehen zeigen nach vorn, die Knie sind leicht gebeugt. Der Oberkörper ist aufrecht.

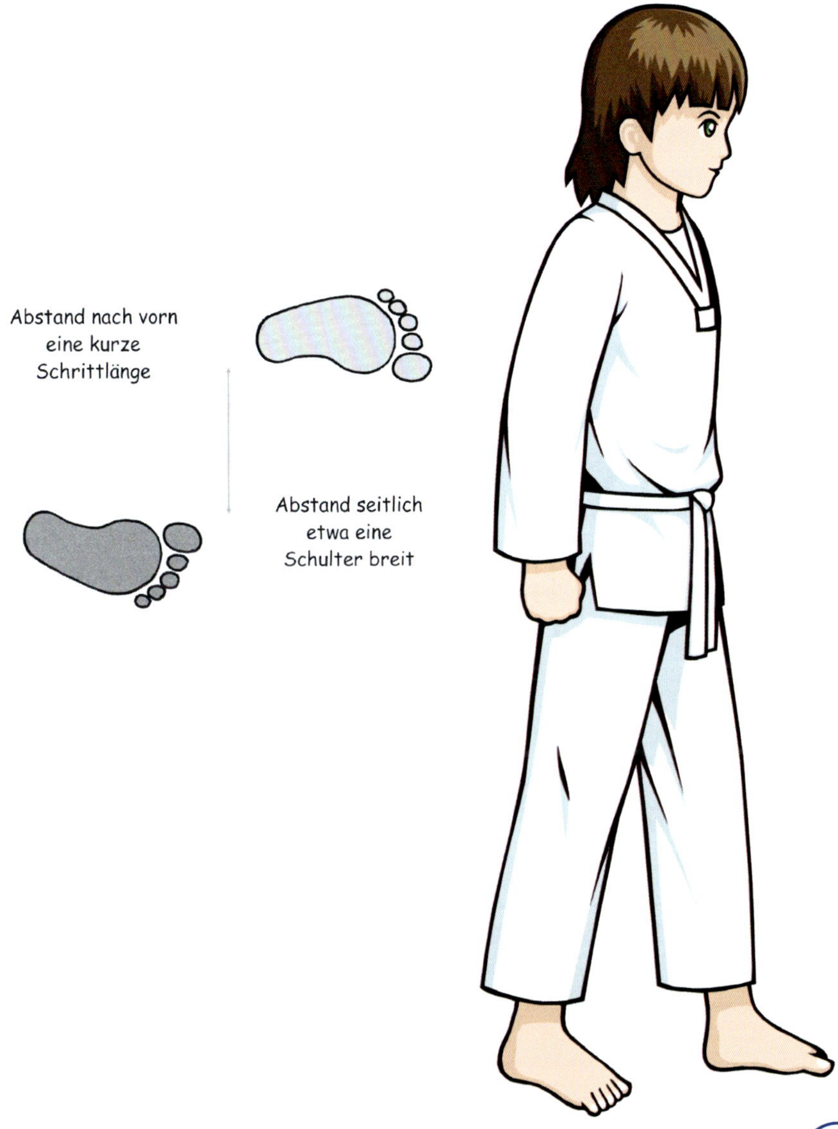

ap gubi (lange Vorwärtsstellung)

Du stehst in **pyonhi sogi**. Nimm einen Fuß so weit nach vorne, bis eineinhalb Schulterbreiten zwischen den beiden Füßen Platz haben. Das vordere Knie ist so angewinkelt, dass es über der Ferse ist. Das hintere Bein ist gestreckt. Der hintere Fuß ist leicht nach außen gedreht.

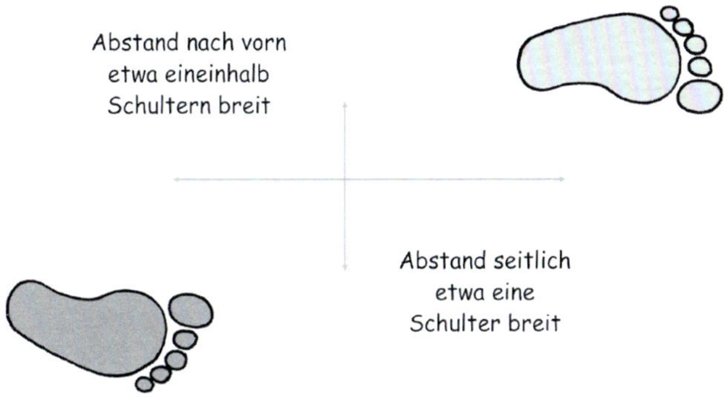

Bei diesen Stellungen, die Kira bisher kennen gelernt hat, ist das Gewicht gleichmäßig auf beide Beine verteilt. Aus diesen Stellungen heraus lassen sich schon viele Techniken anwenden.

Als Nächstes zeigt dir Kira ihre Fußtechniken.

2 Fußtechniken

ap chagi (Vorwärtstritt)

Du stehst in **ap gubi** und nimmst das hintere Bein angewinkelt hoch. Achte jetzt schon auf die Fußhaltung: Die Zehen sind angezogen und der Spann ist gestreckt. Jetzt kickst du den Unterschenkel nach vorn, bis das Bein fast gestreckt ist. Danach nimmst du den Unterschenkel zurück und setzt das Bein vorne ab. Du triffst das Ziel mit dem Fußballen (**ap chuk**).

naeryo chagi (Fußabwärtsschlag)

Aus der **ap gubi** schwingst du das gestreckte Bein mit geradem Oberkörper nach oben. Zehen und Spann sind angezogen. Im höchsten Punkt ziehst du das gestreckte Bein wieder kräftig nach unten und ein wenig nach außen. Mit der Ferse (**dwit kumchi**) wird das Ziel getroffen.

yop chagi (Seitwärtsfußstoß)

Du stehst in **kima** oder **chuchum sogi** und setzt z. B. das linke Bein hinter das rechte Bein. Wenn du sicher stehst, hebst du das rechte Knie an, bis der Oberschenkel parallel zum Boden ist. Der Unterschenkel ist angewinkelt. Nun stößt du das Bein aus, bis der Oberkörper und das Bein ganz gestreckt sind. Stell dir vor, von deinem Gesäß bis zum Ziel befindet sich ein gespanntes Seil. An diesem Seil bewegt sich deine Ferse entlang bis ins Ziel. Achte darauf, dass sich der Fuß deines Standbeins dreht. Der Oberkörper neigt sich dabei schräg zum Boden. Du triffst mit der Fußaußenkante (**balnal**). Danach ziehst du das Bein wieder an, richtest dich auf und setzt das Bein in **kima** oder **chuchum sogi** ab.

Hinweis:

Alle Techniken werden hier aus einer bestimmten Stellung heraus beschrieben. Später wirst du diese Techniken auch aus anderen Stellungen heraus ausführen. Dies gilt auch für alle noch folgenden Techniken. Übe sie jedoch zuerst aus den Stellungen, die hier beschrieben werden.

3 Drei Körperbereiche: olgul, momdong, arae

Im Taekwondo unterscheiden wir vor allem drei Bereiche des Körpers, die wir gegen Angriffe verteidigen oder zu denen wir eigene Angriffe ausführen. Wir unterteilen den Körper in die drei Trefferzonen **olgul**, **momdong** und **arae**. Diese bestimmen die Höhe eines Blocks oder eines Angriffs.

Olgul
bezeichnet die obere Körperzone mit Kopf und Hals.

Momdong
ist der Bereich vom Halsansatz bis hinunter zur Gürtellinie.

Arae
heißt der untere Bereich vom Gürtel abwärts.

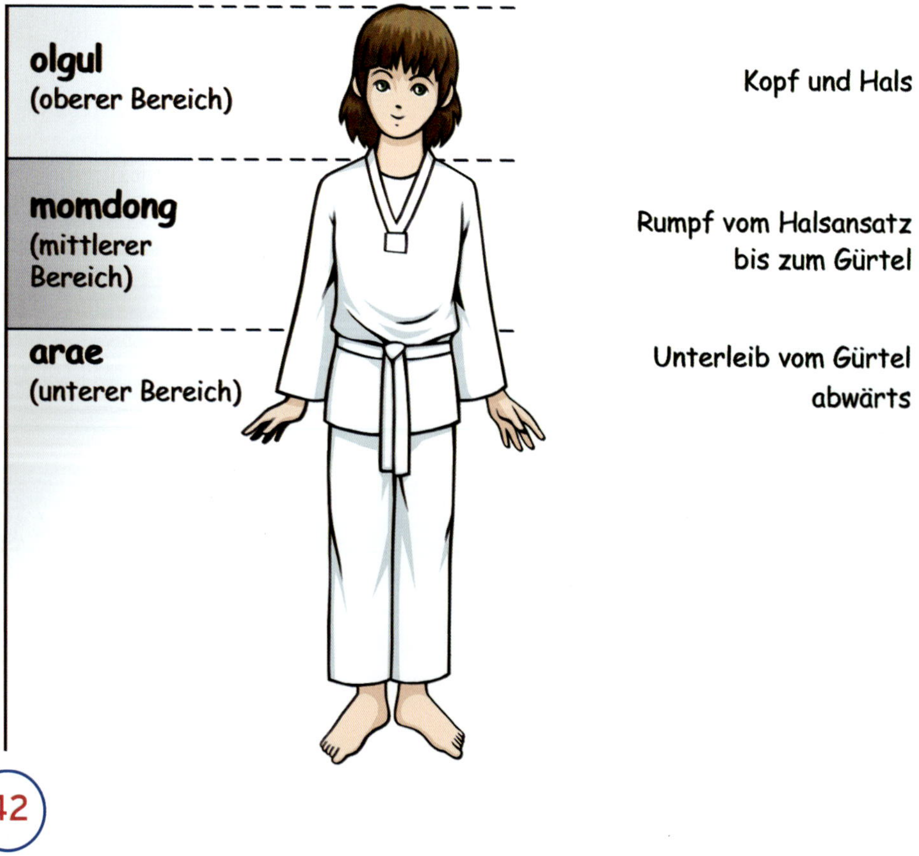

Diese drei Bezeichnungen findest du auch in den Namen der verschiedenen Techniken wieder.

Olgul makki etwa bezeichnet einen Block zum oberen Körperbereich, **arae makki** einen Block zum unteren Bereich. **Jumok momdong jirugi** ist ein Fauststoß zur mittleren Stufe; machen wir die gleiche Technik aber zum Kopf, so heißt sie **jumok olgul jirugi**.

(Die Namen der einzelnen Techniken brauchst du dir an dieser Stelle noch nicht zu merken. Sie werden dir noch einmal auf den Seiten erklärt, auf denen die jeweilige Technik ausführlich beschrieben wird.)

Beim Wettkampf gelten nur **olgul** und **momdong** als Trefferzonen, Angriffe nach **arae** sind wegen der Verletzungsgefahr nicht erlaubt. Aus dem gleichen Grund sind auch Fausttechniken nach **olgul** verboten.

Für die Grundtechniken und die Selbstverteidigung sind jedoch alle drei Körperbereiche wichtig (denn jemand, gegen den du dich in einer Notsituation wehren musst, fragt nicht danach, ob ein Angriff auf eine bestimmte Körperzone fair ist oder nicht).

Bei den Verteidigungstechniken, die Kira dir im nächsten Abschnitt zeigt, wirst du bei jeder Technik auf eine der drei Bezeichnungen treffen.

4 Verteidigungstechniken

hechyo arae makki (Doppelblock zur unteren Stufe)

In **ap gubi** nimmst du beide Arme gekreuzt nach oben vor die Brust. Die Handrücken zeigen nach vorne. Die Arme bewegen sich nach außen unten und zur Seite, während du ausatmest. Du blockst mit den Außenseiten deiner Unterarme.

arae makki (Block zur unteren Stufe, Untenblock)

Du stehst in **ap gubi**. Der Arm des hinteren Beins ist gestreckt vor dem Körper. Den anderen Arm nimmst du hoch zur gegenüberliegenden Schulter. Jetzt wird der Arm kraftvoll und schnell nach unten geführt, bis er eine Faustbreite über dem vorderen Oberschenkel ist und der Angriff mit dem äußeren Unterarm abgewehrt. Die andere Faust wird gleichzeitig nach hinten zur Hüfte geführt und am Ende so gedreht, dass der Faustrücken nach unten zeigt.

olgul makki (Block zur oberen Stufe, Obenblock)

Du nimmst beide Arme gekreuzt vor die Brust. Der Arm auf der Seite des vorderen Beins ist näher zu deinem Körper. Die Handinnenseite zeigt zum Oberkörper und befindet sich auf Höhe der Schulter. Der andere Arm ist als Schutz vorne und der Handrücken zeigt zu dir. Jetzt führst du den inneren Arm über deinen Kopf. Dein Oberarm ist dabei fast am Ohr. Der Unterarm steht leicht schräg nach oben. Der andere Arm wird gleichzeitig zur Hüfte zurückgezogen. Die Handinnenseite zeigt nach oben.

Es gibt auch die Variante, dass der blockende Arm nicht von innen, sondern von außen ausgeholt wird.

pakkat palmok momdong an makki (Block zur mittleren Stufe mit der Außenseite des Unterarms nach innen)

Der Arm des vorderen Beins wird aufrecht zur Seite geführt, während der andere quer vor dem Körper liegt. Nun führst du den Arm aufrecht so weit nach innen, bis du einen möglichen Faustoßangriff an deinem Körper vorbeigelenkt hast. Der andere Arm wird gleichzeitig zur Hüfte gezogen.

pakkat palmok momdong pakkat makki (Block zur mittleren Stufe mit der Außenseite des Unterarms nach außen)

Du nimmst beide Arme gekreuzt vor die Brust. Die Faust des inneren blockenden Arms sollte über der anderen Schulter sein. Die Faustinnenseite zeigt zu dir. Der andere Arm zeigt mit dem inneren Arm nach außen, du drehst dabei die Faust so, dass du zum Schluss auf den Handrücken schaust. Die andere Faust bewegt sich zur Hüfte und die Faustinnenseite ist oben. Du blockst nur so weit, dass ein Angriff soeben an deinem Körper vorbeigeht.

Auch hier gibt es die Möglichkeit, dass der blockende Arm in der Ausholbewegung nicht innen, sondern außen liegt.

5 Angriffstechniken

Kira zeigt dir als Angriffstechnik mit der Hand den Fauststoß (**jumok jirugi**).

jumok jirugi (Fauststoß)

Du stehst in **kima sogi** oder **chuchum sogi**. Der linke Arm ist gestreckt vorne mit dem Handrücken nach oben, die rechte Faust ist (mit der Handinnenseite oben) an der Hüfte. Jetzt schlägst du einen Fauststoß nach vorne zur Körpermitte, bis der Arm fast gestreckt ist. Die andere Faust geht gleichzeitig zur Hüfte zurück. Zum Schluss werden beide Fäuste gedreht, sodass beim rechten Arm der Faustrücken und beim linken Arm die Faustinnenseite oben ist. Die Bewegung muss schnell und kräftig ausgeführt werden. Du triffst beim Fauststoß das Ziel mit den vorderen beiden Knöcheln.

Übungen

Mache den Fauststoß abwechselnd mit der linken und der rechten Faust. Achte dabei besonders auf die Drehung der Fäuste. Gerade am Anfang passiert es oft, dass man die Faust, die zurück zur Hüfte geführt wird, vergisst zu drehen. Wenn du den Fauststoß häufig übst, wird dir dieser Fehler bald nicht mehr passieren.

Übe nach dem einfachen Fauststoß auch einmal einen doppelten Fauststoß. Dabei schlägst du schnell hintereinander mit beiden Fäusten, ohne zwischen den beiden Stößen eine Pause zu machen. Achte auch hierbei wieder auf die Drehung deiner Fäuste. Den doppelten Fauststoß nennt man **dubon jirugi. Dubon** bedeutet hierbei doppelt.

Probiere den Fauststoß auch einmal in einer anderen Stellung (z. B. in **ap sogi**). Gehe dabei bei jedem Stoß einen Schritt in der Stellung vorwärts. Bei dieser Übung kannst du erst einmal den Fauststoß mit dem Arm machen, der seitengleich zum vorderen Bein liegt. Diesen Fauststoß nennt man auch **bandae jirugi**. Wenn du diese Technik im Vorwärtsgehen geübt hast, mache die gleiche Übung mit dem Arm, der seitengleich zum hinteren Bein liegt. Wenn du den Fauststoß mit diesem Arm machst, nennt man ihn auch **baro jirugi**.

Damit du bei den nachfolgenden Beschreibungen nicht durcheinander gerätst, bezeichnen wir den Fauststoß einfach mit **jumok jirugi**, egal mit welchem Bein er seitengleich ist. Dies ergibt sich dann automatisch aus der Beschreibung.

kihap

Wenn du den Fauststoß ausführst, schreist du, so laut du kannst. Dieser Schrei heißt **kihap**. Er dient dazu, dir Energie zu geben und deine Entschlossenheit zu zeigen. Außerdem steigert er deinen Mut und schüchtert deinen Gegner ein. Der Kihap hilft dir auch, auf deine Atmung zu achten. Bei jeder Technik muss man ausatmen, sonst hat sie keine Kraft. Beim Schrei musst du automatisch ausatmen und kannst es somit nicht vergessen.

Hinweis: Wenn du den **kihap** beim Üben einer Doppeltechnik wie **dubon jirugi** machst, so stößt du ihn nicht bei beiden Schlägen, sondern nur beim letzten Schlag aus.

6 Koreanische Begriffe II

Auch hier findest du wieder alle koreanischen Bezeichnungen zu den Techniken, die du für den 9. **kup** gelernt hast.

moa sogi	geschlossene Stellung
kima sogi	Reitersitzstellung
ap sogi	Vorwärtsstellung (kurz)
ap gubi	Vorwärtsstellung (lang)
chunbi	Konzentrationsstellung einnehmen
pyonhi sogi	parallele Stellung
chuchum sogi	Reiterstellung
ap chagi	Vorwärtstritt
naeryo chagi	Abwärtsfußschlag
yop chagi	Seitwärtsfußstoß
olgul	oben
momdong	Mitte
arae	unten (Taille abwärts)
arae makki	Untenblock
hechyo arae makki	beidarmiger Keilblock unten
olgul makki	Obenblock
pakkat palmok momdong an makki	Armaußenseite, Block nach innen
pakkat palmok momdong pakkat makki	Armaußenseite, Block nach außen
jumok jirugi	Fauststoß
dubon jirugi	doppelter Fauststoß
bandae jirugi	Fauststoß seitengleich zum vorderen Bein
baro jirugi	Fauststoß seitengleich zum hinteren Bein
kihap	Angriffsschrei
ap chuk	Fußballen
balnal	Fußaußenkante
dwit kumchi	Ferse

C Block III:

Gelber Gurt (8. kup)

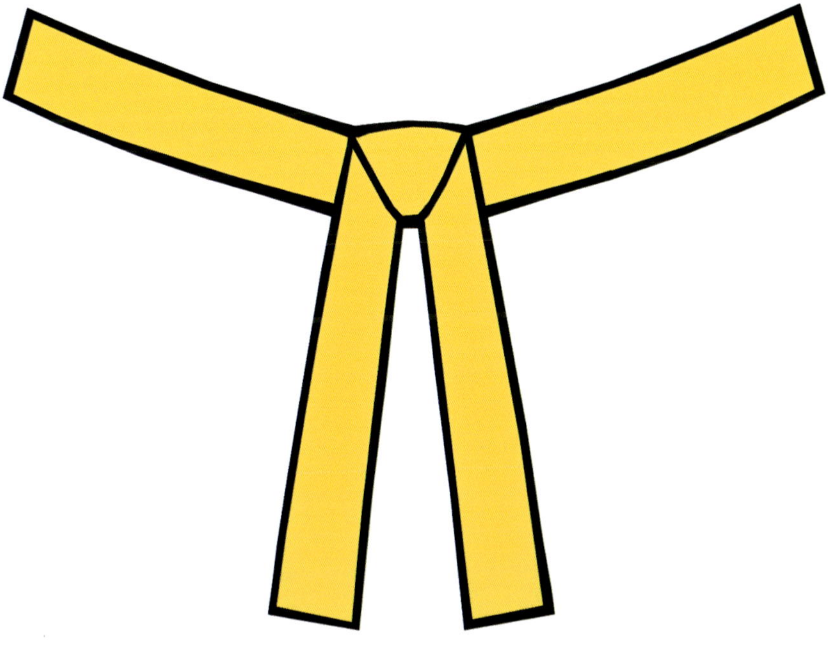

Micha hat den weißgelben Gürtel. Für den nächsten Gurt muss er schon einige Techniken mehr beherrschen als Kira. Außer den Stellungen und Techniken lernt er auch schon eine erste Übungsform sowie Kombinationen für den abgesprochenen Kampf.

Als Erstes zeigt er dir eine weitere Stellung, die **dwit gubi**.

1 Stellung

dwit gubi (Rückbeinstellung)

Du stehst in **moa sogi**. Stelle nun einen Fuß seitwärts aus. Der andere Fuß rutscht weiter nach vorne, bis du eineinhalb Schulterbreiten Platz hast zwischen beiden Füßen. Beide Knie sind angewinkelt. Das meiste Gewicht (70 %) liegt auf dem hinteren Bein. Vorn ist nur so viel Gewicht (30 %), dass du das Bein jederzeit anheben kannst. Der Oberkörper und deine Hüfte sind seitwärts gedreht.

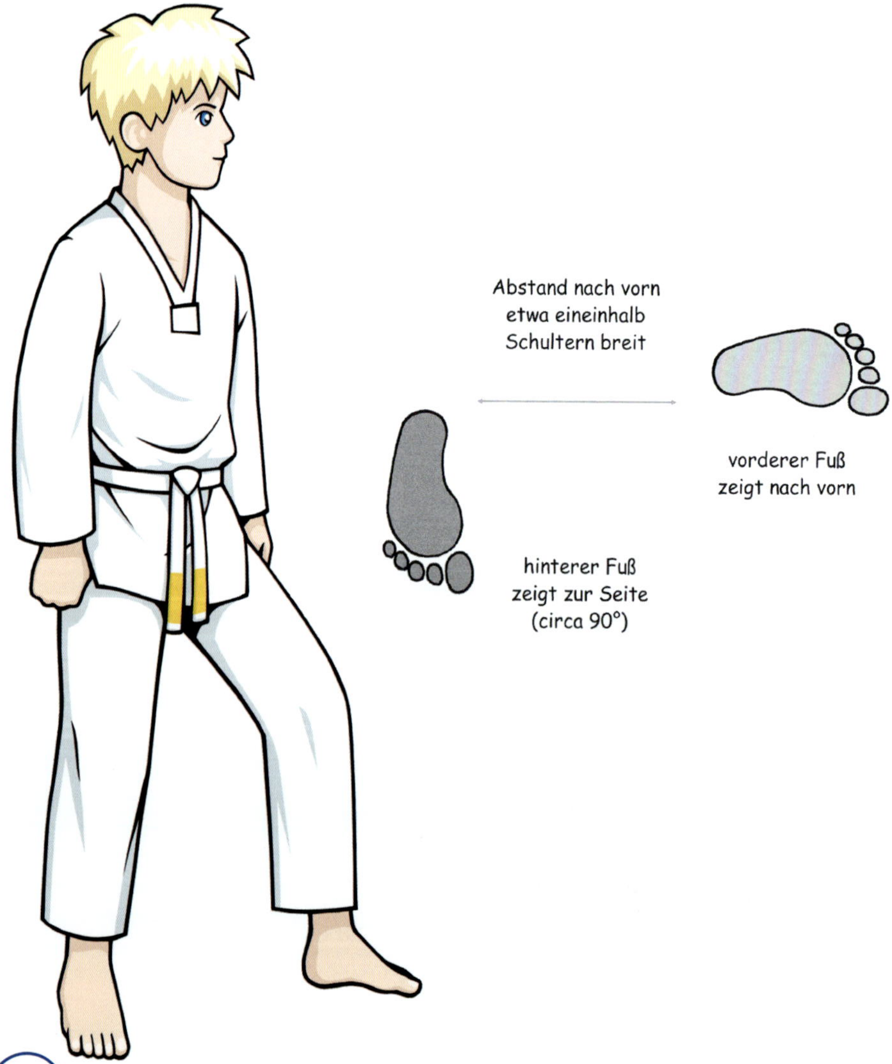

2 Fußtechnik

Als Fußtechnik lernt Micha den Halbkreisfußtritt **dolyo chagi**. Wie schon **ap chagi** ist auch **dolyo chagi** ein Schnapptritt (im Gegensatz zu einem Fußstoß wie **yop chagi**, bei dem das Bein nicht gekickt, sondern herausgestoßen wird), nur dass er in einem Halbkreis von der Seite her ausgeführt wird.

dolyo chagi (Halbkreisfußtritt)

Wie beim **ap chagi** nimmst du das hintere angewinkelte Bein nach vorne, nur viel mehr von außen, bis das Knie schon auf das Ziel zeigt. Zeh und Spann sind angezogen. Nun kickst du den Unterschenkel aus, bis das Bein fast gestreckt ist. Getroffen wird mit dem Fußballen (**ap chuk**). Danach ziehst du den Unterschenkel wieder weit zurück und setzt das Bein vorne ab. Achte darauf, dass sich während des Tritts der Fuß deines Standbeins dreht.

3 Verteidigungstechniken

Wie Kira hat auch Micha als Weißgurt einige Abwehrtechniken gelernt, die mit geschlossener Faust durchgeführt werden. Für den Gelbgurt lernt er nun, wie diese Techniken mit der Handkante ausgeführt werden.

Die Handkante (han sonnal)

Alle Handabwehrtechniken, die du als Weißgurt gelernt hast, gibt es auch als Handkantenverteidigung. Hier verteidigst du die Angriffe nicht mehr mit dem Unterarm, sondern gezielt mit der Handkante. Dabei ist die Hand offen, die Finger sind gestreckt und unter Spannung, damit die Außenkante der Hand den Muskel anspannt. Der Daumen wird an die Hand gelegt.

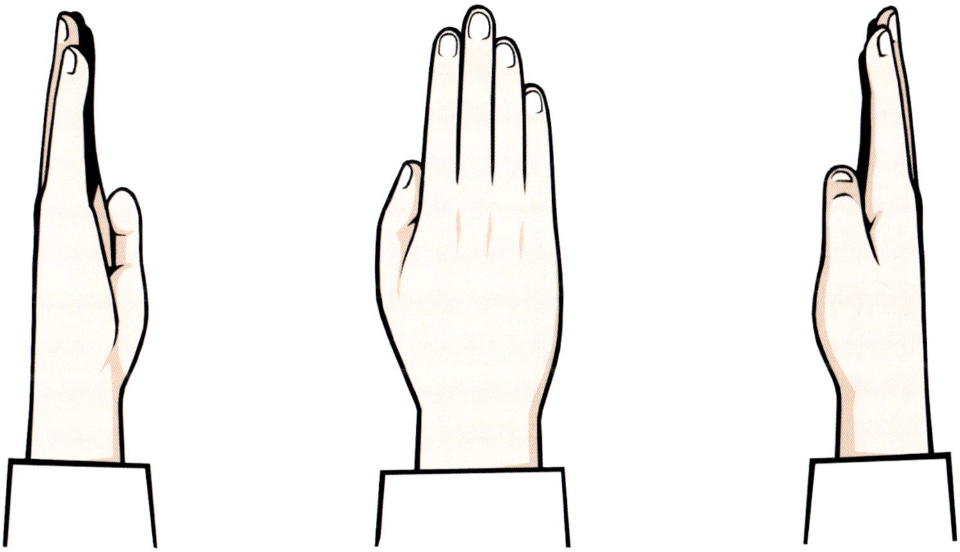

han sonnal - die Handkante

Die Ausholbewegungen sind so wie bei den anderen Blöcken, nur dass die Hand offen ist. Die andere Hand, die nicht verteidigt, bleibt aber als Faust geschlossen und wird auch so an die Hüfte geführt.

Die koreanischen Namen sind bei der Handkantenverteidigung etwas anders:

Aus **hechyo arae makki** wird
sonnal hechyo arae makki

Aus **arae makki** wird
han sonnal arae makki

Aus **olgul makki** wird
han sonnal olgul makki

Aus **pakkat palmok momdong an makki** wird
han sonnal momdong an makki

Aus **pakkat palmok momdong pakkat makki** wird
han sonnal momdong pakkat makki

Neben diesen Variationen muss Micha auch noch zwei neue Abwehrtechniken lernen. Die erste Abwehrtechnik übt er zuerst mit geschlossener Faust und danach gleich auch als Variation mit der Handkante.

pakkat palmok momdong goduro pakkat makki (verstärkter Unterarmblock)

Du stehst in **dwit gubi** und führst beide Arme in der Ausholbewegung nach hinten. Beim hinteren Arm ist der Faustrücken oben, beim vorderen Arm die Faustinnenseite. Beide Arme gehen dann gleichzeitig nach vorne. Der vordere Arm führt **pakkat palmok momdong pakkat makki** aus. Der hintere Arm wird vor den Solarplexus (das ist ungefähr da, wo das Schild von deinem **dobok** vor der Brust aufgenäht ist) geführt. Zum Schluss werden wieder beide Fäuste gedreht.

Die gleiche Technik mit der Handkante heißt dann: **sonnal goduro momdong pakkat makki**.

An palmok momdong pakkat makki (Block zur mittleren Stufe mit der Innenseite des Unterarms nach außen)

Du stehst in **dwit gubi**. Der hintere Arm wird angewinkelt vor den Oberkörper genommen. Der vordere Arm wird vor diesen geführt und ein wenig von unten zur Mitte nach außen geführt, bis die Faust auf Schulterhöhe ist. In der Endposition siehst du deine Faustinnenseite. Der hintere Arm wird zur Hüfte zurückgenommen.

4 Angriffstechniken

palkup dolyo chiki (Halbkreis-Ellbogenschlag)

Du stehst in **ap gubi** und führst den hinteren Ellbogen (**palkup**) im Halbkreis nach vorne bis auf Kopfhöhe. Der andere Arm geht zur Hüfte zurück. Zum Schluss musst du wieder die Hände drehen.

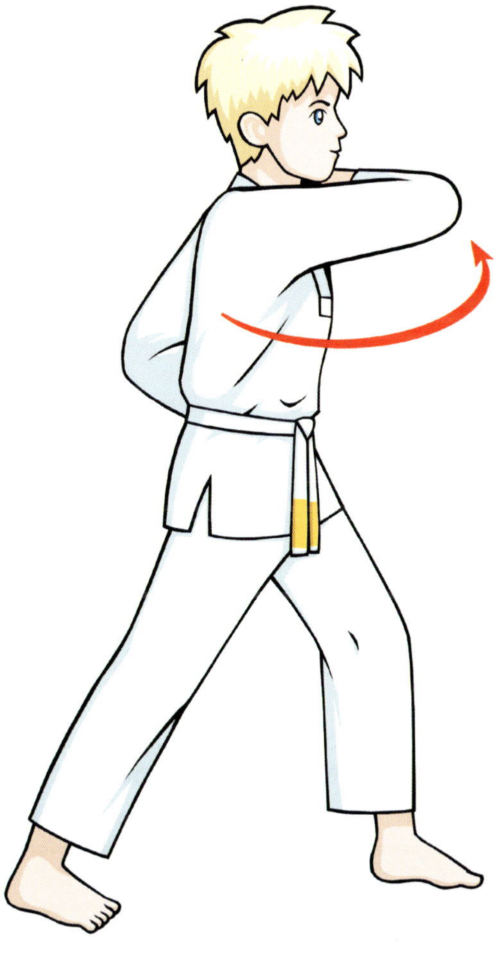

dung jumok olgul ape chiki (Faustrückenschlag zum Kopf)

Aus der Stellung **ap gubi** holst du mit dem vorderen Arm an der gegenüberliegenden Schulter aus. Die Daumenseite zeigt zur Schulter. Der andere Arm befindet sich vor der Brust. Der vordere Arm wird in Kopfhöhe nach vorne geführt und so gedreht, dass der Faustrücken (**dung jumok**) nach vorne zeigt. Du triffst das Ziel mit den Knöcheln von Zeige- und Mittelfinger. Gleichzeitig geht der andere Arm zur Hüfte zurück und wird wie immer abschließend gedreht.

hansonnal olgul pakkat chiki (Handkantenschlag nach außen)

Eine neue Angriffstechnik ist der Handkantenangriff nach außen. Du stehst in **ap gubi**. Der vordere Arm geht zur gegenüberliegenden Schulter. Die offene Handinnenseite ist oben. Der andere Arm ist vor dem Körper mit dem Faustrücken oben. Die Handkante wird jetzt nach außen zum Hals (**mok**) geschlagen, während der andere Arm wieder gleichzeitig zur Hüfte geht.

5 Übungsform Vier-Seiten-Schlag (saju jirugi)

Nun fehlt Micha nur noch eine Form, um an der Prüfung zum 8. **kup** teilnehmen zu können. Eine Form oder **poomsae** ist eine festgelegte Bewegungsfolge von Verteidigung und Angriff, die man ohne Partner läuft. Man stellt sich den Gegner nur vor.

Die „Form" für die Gelbgurtprüfung ist der Vier-Seiten-Schlag (**saju jirugi**). Er ist noch keine richtige **taeguk**-Form, sondern erst eine Vorübung dazu.

Der **saju jirugi** ist, anders als die späteren **taeguk**-Formen, in Kreuzform angelegt. Darin übst du, zwei Techniken – den Untenblock (**arae makki**) und den Fauststoß (**jumok jirugi**) – zu kombinieren und durch richtiges Umstellen der Füße eine 90°-Drehung zu machen. Die Kombination der Techniken wird in jeweils vier Richtungen wiederholt – deshalb auch Vier-Seiten-Schlag!

In dem Diagramm (nächste Seite) siehst du die einzelnen Richtungen sowie deine Startposition (bei der Figur), die bei richtig gemachter Übung auch deine Endposition sein sollte. Links haben wir zur besseren Unterscheidung hier rot und rechts blau markiert. Das Diagramm wird dir in der Beschreibung helfen, immer zu wissen, in welche Richtung du bei einer Technik gerade stehst oder wohin du dich als Nächstes drehen musst. Du findest es auch noch einmal hinten im Anhang des Buchs zum Heraustrennen.

Vier-Seiten-Diagramm

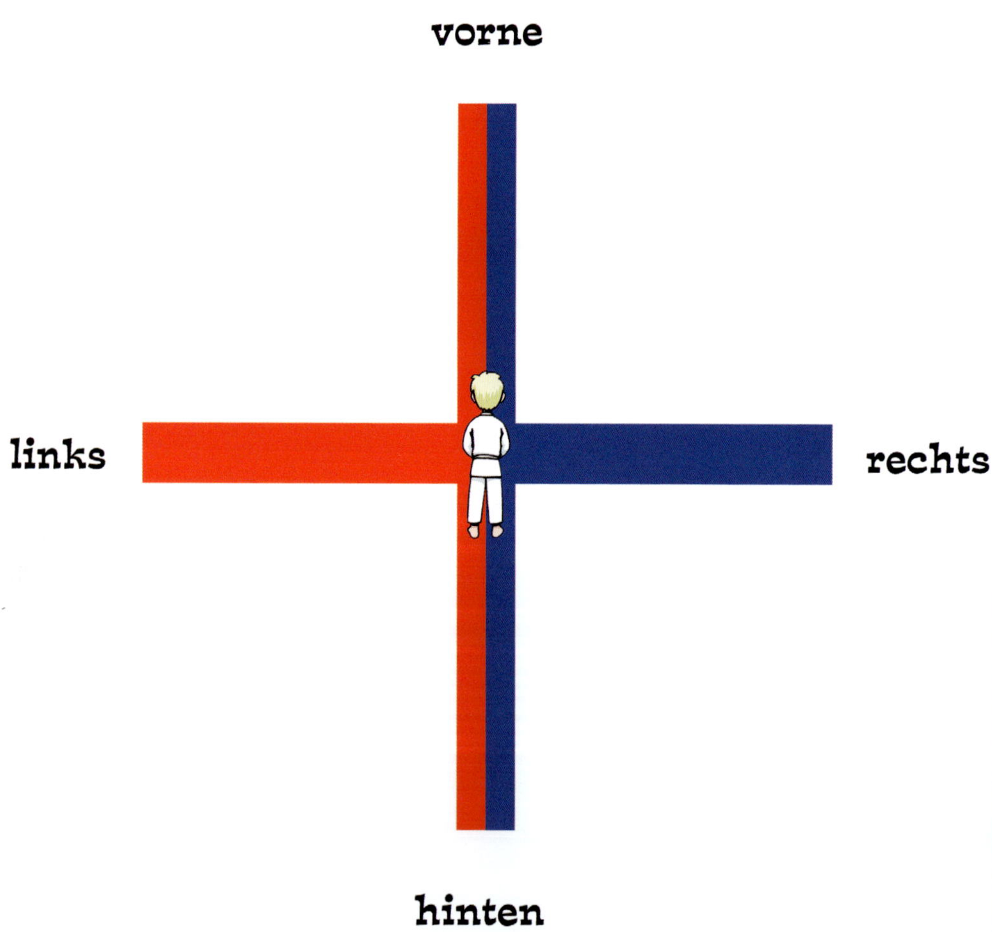

Und los geht's!

Micha zeigt dir in einzelnen Schritten den Vier-Seiten-Schlag (**saju jirugi**), den er für seine nächste Prüfung gelernt hat. Mach einfach mit!

1. Gehe in die Grundposition in **chunbi sogi** mit Blick in Richtung „vorne" im Diagramm. Bei deiner Prüfung oder auch einer Vorführung im **dojang** wartest du auf das Kommando **chunbi**, bevor du diese Haltung einnimmst. Wenn du für dich allein übst, gibst du dir deine Kommandos natürlich selbst.

2. Auf das Kommando **sijak** (anfangen) gehst du mit dem rechten Bein zurück und setzt den Fuß zur langen Vorwärtsstellung (**ap gubi**) ab. Gleichzeitig machst du mit dem linken Arm den Untenblock (**arae makki**) als Verteidigungstechnik. Du stehst dabei in Richtung „vorne".

3. Gehe mit dem rechten Fuß einen Schritt vor und setze ihn in **ap gubi** ab. Mit dem rechten Arm führst du gleichzeitig einen frontalen Faustststoß (**jumok jirugi**) aus. Deine Ausrichtung ist immer noch Richtung „vorne".

4. Nun kommt eine 90°-Drehung nach links. Drehe dich auf dem linken (dem hinteren) Fuß in Richtung „links" und setze deinen rechten Fuß in **ap gubi** zurück. Dabei machst du, wie zu Beginn, die Verteidigung **arae makki** mit dem linken Arm (vergleiche Abbildung zu Punkt 2).

5. Gehe in Richtung „links" wieder mit dem rechten Fuß in **ap gubi** vor und führe mit der rechten Faust einen **jumok jirugi** aus (vergleiche Abbildung zu Punkt 3).

6. Mache, wie bei 4, eine 90°-Drehung nach links, jetzt in Richtung „hinten". Wieder wird das rechte Bein nach hinten in **ap gubi** abgesetzt und mit links ein **arae makki** ausgeführt.

7 Gehe mit dem rechten Fuß in Richtung „hinten" in **ap gubi** vor und mache rechts einen Fauststoß (**jumok jirugi**).

8. Drehe dich wieder um 90° nach links, diesmal in Richtung „rechts" im Diagramm. Setze den rechten Fuß in **ap gubi** ab und führe mit dem linken Arm **arae makki** aus.

9. Gehe ein letztes Mal rechts in **ap gubi** mit einem rechtshändigen **jumok jirugi** vor. Bei dieser letzten Technik stößt du einen Kampfschrei (**kihap**) aus.

10. Warte nun auf das Kommando **guman**, bevor du in deine Endposition gehst. Drehe dich dazu auf dem linken Fuß in Richtung „vorne", ziehe den rechten Fuß heran und setze ihn in **pyonhi sogi chunbi sogi** ab. Bei **guman** erfolgt die Bewegung langsamer als bei **chunbi**, jedoch ebenso konzentriert. Die Endposition, in die du gelangst, ist dann die Gleiche wie bei **chunbi**.

Nun bist du den **saju jirugi** einmal komplett durchgelaufen. Wenn nicht alles auf Anhieb geklappt hat – macht nichts. Bis der Ablauf des Vier-Seiten-Schlags richtig sitzt, muss man eine Menge üben. Schließlich ist noch kein Meister vom Himmel gefallen.

Übung

Übe den Vier-Seiten-Schlag, bis du ihn sicher und fließend ausführen kannst. Wenn du ihn gut beherrschst, versuche, ihn doch einmal seitenverkehrt zu laufen. Du wirst sehen, dass dies am Anfang ganz schön schwierig ist. Gehe dabei einfach statt mit rechts mit links zurück und mache den **arae makki** mit rechts. Dann gehst du mit dem linken Fuß vor und machst einen **jumok jirugi** mit der linken Faust. Anschließend drehst du dich diesmal um 90° nach rechts anstatt nach links (also in Richtung „rechts"). Wiederhole die Schritte und Techniken (**arae makki** mit rechts, **jumok jirugi** mit links) und drehe dich jedes Mal rechtsherum, bis du bei **guman** (diesmal ziehst du am Ende den linken Fuß heran) wieder in Richtung „vorne" in **chunbi sogi** stehst.

Du musst den seitenverkehrten Vier-Seiten-Schlag natürlich nicht für deine Prüfung können. Du schulst damit jedoch deine Koordination und hast damit eine gute Vorbereitung auf die späteren **taeguk**-Formen, in denen sowohl Links- wie auch Rechtsdrehungen vorkommen.

6 Abgesprochener Kampf

Beim abgesprochenen Kampf sind die Art des Angriffs und der Verteidigung festgelegt. Es gibt den Einschritt-, (**hanbon gyorugi**), Zweischritt- (**dubon gyorugi**) und Dreischrittkampf (**sebon gyorugi**). Wir beschreiben in diesem Buch nur den Einschrittkampf, da die Verteidigung bei den beiden anderen Arten gleich ist. Es gibt natürlich unzählige Angriffs- und Verteidigungsvariationen. Die hier dargestellten Varianten sind deshalb nicht verbindlich. Es kann sein, dass in deinem Verein bzw. deiner Schule andere gezeigt werden. Es ist aber immer festgelegt, wer angreift und wer verteidigt.

Der Angreifer (hier Farid, 7. **kup**) steht dem Verteidiger (Micha) im Abstand von einer Armlänge gegenüber. Nach dem Angrüßen stellt sich Farid in **chunbi sogi** mit einem Schrei (**kihap**) auf. Damit signalisiert Farid Micha seine Bereitschaft zum Angriff. Verteidiger Micha geht mit **kihap** ebenfalls in die **chunbi sogi** und signalisiert damit Farid, dass dieser zum Angriff vorkommen kann. Der Angreifer geht nun einen Schritt in **ap gubi** vor und greift mit der rechten Faust (**jumok jirugi**) die Körpermitte des Verteidigers an.

In manchen Schulen bzw. Vereinen geht der Angreifer erst noch in die lange Stellung (**ap gubi**) rechts zurück und führt mit dem linken Arm einen Untenblock (**arae makki**) aus, bevor er seinen Angriff startet.

1. Micha geht rechts in **ap gubi** zurück und verteidigt mit links **pakkat palmok momdong pakkat makki**. Dann macht er mit dem anderen Arm einen Gegenangriff zu Farids Kopf mit **jumok olgul jirugi**.

2 Micha geht links zurück in **kima sogi** und führt rechts einen **pakkat palmok momdong an makki** aus. Die linke Hand fasst das rechte Handgelenk des Angreifers. Während Micha den Arm zu sich heranzieht, schlägt er mit der rechten Hand **hansonnal pakkat mok chiki** zur rechten Halsseite des Angreifers.

3. Farid greift mit **jumok olgul jirugi** an. Micha geht rechts zurück in a**p gubi**, verteidigt mit links **olgul makki** und greift Farid mit rechts **jumok momdong jirugi** an.

4. Micha geht rechts zurück in **ap gubi** und verteidigt links mit **pakkat palmok momdong an makki**. Er gleitet mit dem linken Fuß vor und führt mit dem rechten Arm einen **palkup momdong dolyo chiki** (Halbkreis-Ellbogenstoß) zu den kurzen Rippen aus.

7 Koreanische Begriffe III

dwit gubi	Rückwärtsbeugestellung
dolyo chagi	Halbkreiskick
sonnal hechyo arae makki	beidarmiger Handkantenkeilblock nach unten
han sonnal	Handkante
han sonnal arae makki	Handkantenblock nach unten
han sonnal olgul makki	Handkantenblock nach oben
han sonnal momdong pakkat makki	Handkantenaußenblock
han sonnal momdong an makki	Handkantenblock nach innen
pakkat palmok momdong goduro pakkat makki	Doppelblock nach außen
sonnal momdong goduro pakkat makki	Doppelhandkanten-verteidigung
an palmok momdong pakkat makki	Arminnenseitenblock nach außen
palkup dolyo chiki	Ellbogenstoß im Halbkreis
dung jumok	Faustrücken
dung jumok olgul ape chiki	oberer Faustrückenschlag nach vorn
han sonnal olgul pakkat chiki	Handkantenschlag nach außen
hanbon gyorugi	Einschrittkampf
dubon gyorugi	Zweischrittkampf
sebon gyorugi	Dreischrittkampf
saju jirugi	Vier-Seiten-Schlag

D Block IV:

Gelbgrüner Gurt (7. kup)

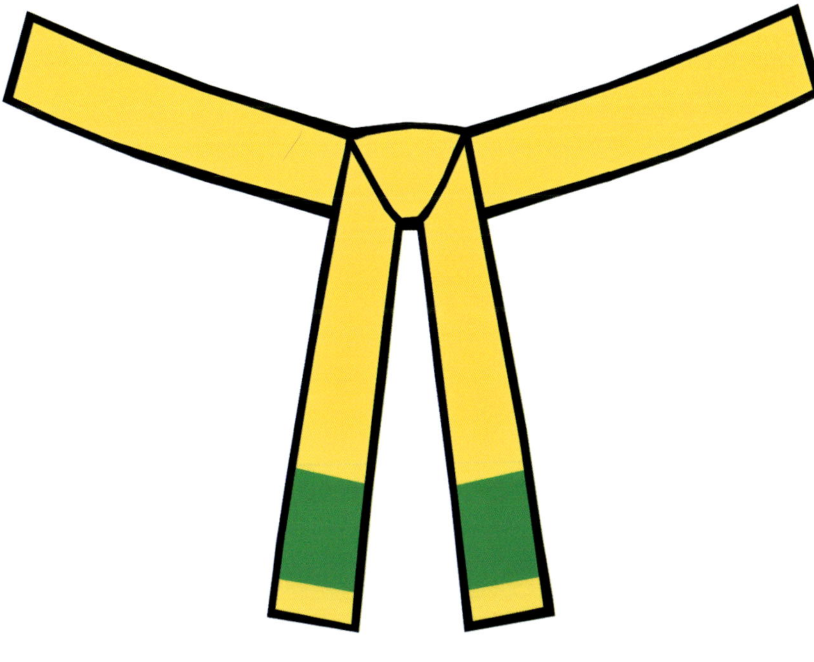

Johanna hat den Gelbgurt. Sie ist für die nächste Prüfung gut vorbereitet und zeigt dir auf den folgenden Seiten ihre neu erlernten Techniken. Diese bestehen, anders als bei Kira und Micha, nur aus Fußtechniken. Neue Handtechniken lernt sie zunächst nicht. Die bisher erlernten Techniken können so durch weiteres Üben erst einmal verbessert werden. Als Übungsform lernt sie die erste „echte" **poomsae** – die **taeguk il jang**. Wie auch Micha lernt Johanna Kombinationen für den abgesprochenen Kampf.

1 Fußtechniken

momdolyo yop chagi (gedrehter Seitwärtsfußstoß)

In der Stellung **dwit gubi** drehst du den vorderen Fuß nach innen und ziehst das hintere Bein an. Gleichzeitig drehst du den Oberkörper, zusammen mit dem angehobenen Bein, hinten herum, bis deine Stoßrichtung mit deiner ursprünglichen Blickrichtung übereinstimmt. Dann stößt du das Bein wie beim **yop chagi** aus. Abschließend ziehst du es wieder an und setzt den Fuß vorne ab, sodass du wieder in **dwit gubi** stehst.

Der Zusatz **momdolyo** bedeutet, dass du die Technik aus einer Drehung heraus machst. Später werden dir auch noch andere gedrehte Techniken begegnen, welche du an dem Wort **momdolyo** erkennst.

Als Vorbereitung auf den freien Kampf (**gyorugi**) trainiert Johanna jetzt viel mit einem Schlagpolster, auch *Pratze* genannt. Dabei wird die Fußhaltung bei zwei Fußtechniken geändert, um den Partner nicht zu verletzen und eine größere Reichweite zu erzielen. Was den Freikampf betrifft, wirst du zu einem späteren Zeitpunkt (Taekwondo Kids Band 2) mehr über diesen erfahren.

Pratze (Schlagpolster)

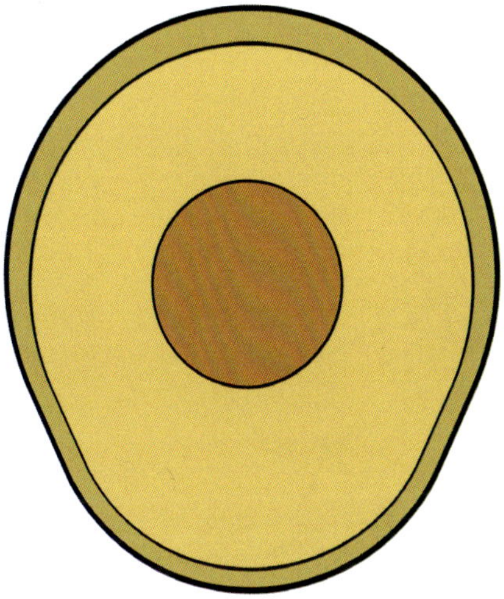

vorne (Trefferseite)

hinten (Griffseite)

paltung chagi (Spanntritt)

Der **paltung chagi** wird wie **dolyo chagi** ausgeführt, nur sind der Spann und die Zehen nicht angezogen, sondern gestreckt. Getroffen wird mit dem Fußspann (**paltung**).

naeryo chagi (Abwärtsfußschlag) mit der Fußsohle

Wie beim „normalen" **naeryo chagi** wird hier das gestreckte Bein zunächst gerade nach oben geschwungen und bei der Abwärtsbewegung der Fuß etwas nach außen gezogen. Der Fußspann wird allerdings wie bei **paltung chagi** gestreckt. Getroffen wird mit der Fußsohle (**balbadak**).

2 Erste Form – taeguk il jang

Die erste von acht Formen (**poomsae**), die du auf deinem Weg zum ersten Meistergrad (**poom oder dan**) lernst, ist die **taeguk il jang**. Sie besitzt, wie die anderen Schülerformen (**taeguk**), ein **I Ging-Symbol** (siehe oben), welches die Bedeutung *Himmel* hat. Der Himmel steht in der asiatischen Mythologie für Anfang, Schöpfung und Wachstum. Mit dem Gelbgurt bzw. Gelbgrüngurt hast du die Stufe des Neulings verlassen, du stehst am Beginn des ernsthaften Lernens, mit dem dein Können und du selbst immer mehr wachsen. Daran soll dich das Symbol erinnern.

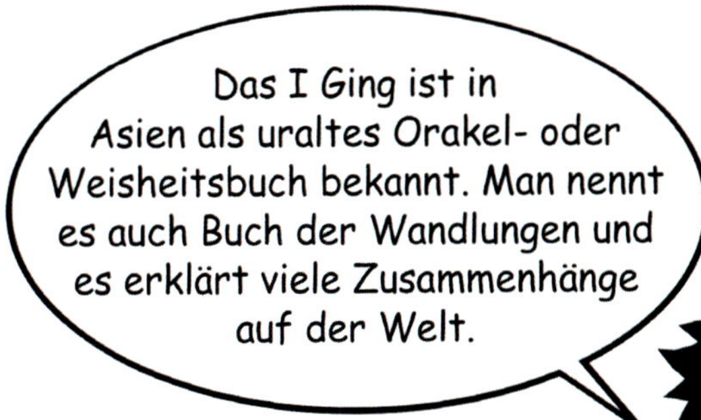

Tae bedeutet in Bezug auf die Übungsformen *Größe* und **guk** *Ewigkeit*. Zusammen sollen diese beiden Begriffe die unvorstellbare Ewigkeit ausdrücken, die formlos ist, ohne Anfang und Ende und für den Ursprung allen Seins steht. **Jang** wird mit *Abschnitt* oder *Aufgabe* übersetzt.

Wie schon beim Vier-Seiten-Schlag soll dir auch hier ein farbiges Diagramm (siehe nächste Seite: **taeguk**-Diagramm) bei deinen Übungen helfen. Anders als beim Vier-Seiten-Schlag ist dieses Diagramm nicht mehr in Kreuzform angelegt, sondern in drei Ebenen. Vielleicht ist dir schon aufgefallen, dass diese drei Ebenen der **taeguk** den drei Ebenen beim **I Ging-Symbol** entsprechen. Dies ist auch bei allen weiteren Schülerformen der Fall.

Damit du zum Nachschauen nicht immer zum Diagramm umblättern musst, findest du im Anhang dieses Buches noch einmal das **taeguk**-Diagramm zum Heraustrennen. Schneide jene Seite einfach mit einer Schere heraus, dann hast du das Diagramm, immer wenn du es brauchst, zur Hand.

Poomsae-Diagramm

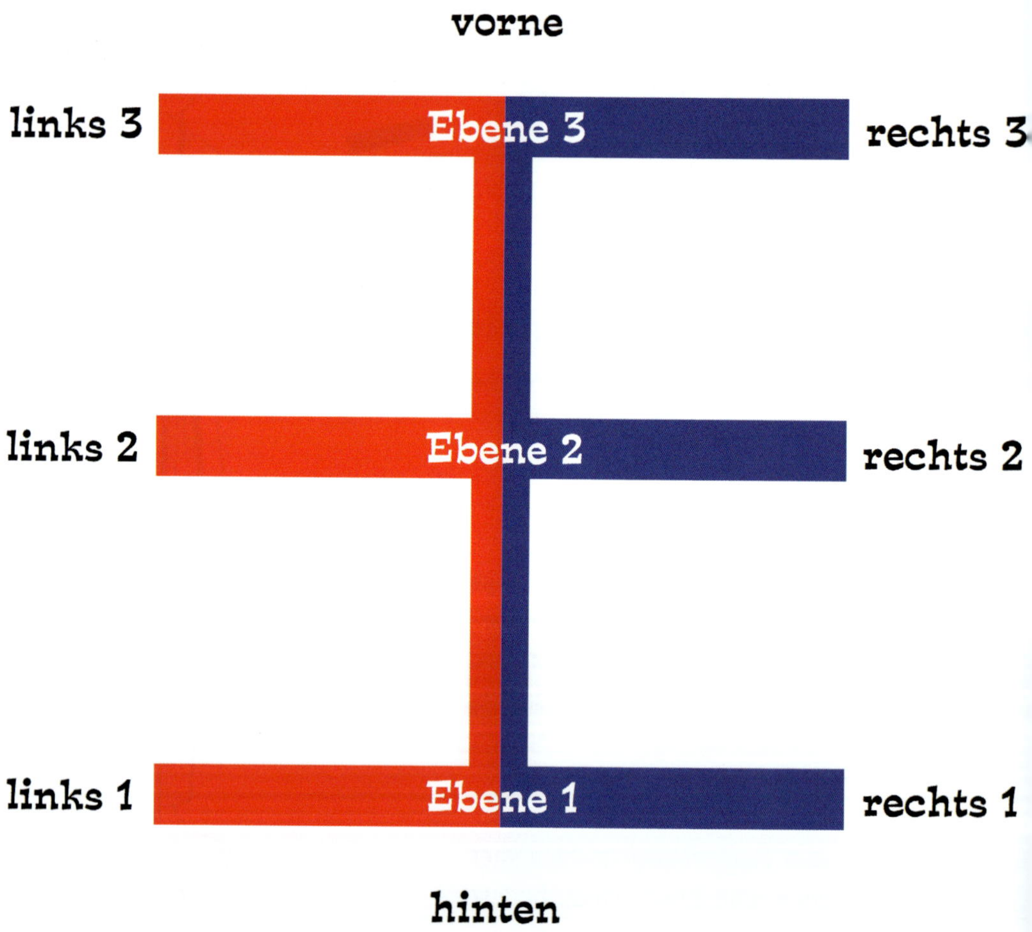

In der **taeguk il jang** übst du die Koordination der schon im Vier-Seiten-Schlag angewendeten Techniken Untenblock (**arae makki**) und Fauststoß (**jumok jirugi**). Als neue Techniken kommen der Obenblock (**olgul makki**), der Unterarmaußenseiteblock nach innen (**pakkat palmok an makki**) und der Vorwärtstritt (**ap chagi**) hinzu. Diese Techniken übst du in der kurzen Vorwärtsstellung (**ap sogi**) und der langen Vorwärtsstellung (**ap gubi**).

Auf den nächsten Seiten zeigt dir Johanna die einzelnen Techniken der **taeguk il jang**, die sie für ihre Prüfung zum 7. **kup** (gelbgrün) braucht.

Damit du einen besseren Überblick hast, sind die einzelnen Übungsabfolgen in Abschnitte zusammengefasst. Diese beziehen sich auf die jeweilige Ebene (1, 2 und 3) im Diagramm, in der du dich gerade bewegst. Jedes Mal, wenn du in eine andere Ebene übergehst, beginnt ein neuer Abschnitt. Deine Startposition befindet sich in Ebene 1 mit Blick in Richtung „vorne".

Abschnitt 1: Ebene 1

1. Stehe in **chunbi sogi,** nachdem das Kommando **chunbi** erfolgt ist.

2. Auf das Kommando **sijak** drehst du dich auf dem rechten Fuß nach links in Richtung „links 1" im Diagramm. Dabei wendest du zuerst den Kopf nach links, dann drehst du den rechten Fuß nach links ein und setzt den linken Fuß in Richtung „links 1" zur kurzen Vorwärtsstellung (**ap sogi**) ab. Gleichzeitig machst du mit dem linken Arm den Untenblock (**arae makki**) als Verteidigungstechnik.

3. Gehe mit dem rechten Fuß einen Schritt in **ap sogi** vor. Mit dem rechten Arm machst du gleichzeitig einen frontalen Fauststoß (**jumok jirugi**) zur Körpermitte (**momdong**). Deine Ausrichtung ist immer noch Richtung „links 1" (siehe Diagramm).

4. Mache nun rechtsherum eine 180°-Drehung, sodass deine Blickrichtung in Richtung „rechts 1" zeigt. Denke daran, dass die Drehung immer zuerst mit dem Kopf geschieht, dem dann der Körper folgt. Drehe dich auf dem linken Fuß und setze den rechten in Richtung „rechts 1" vor dem linken Fuß in **ap sogi** ab. Mit dem Absetzen führst du mit dem rechten Arm einen **arae makki** aus.

5. Gehe mit dem linken Fuß weiter in Richtung „rechts 1" in **ap sogi** vor und führe mit dem linken Arm einen **jumok momdong jirugi** aus.

6. Jetzt machst du auf dem rechten Fuß eine 90°-Drehung nach links und setzt den linken Fuß in der langen Vorwärtsstellung **(ap gubi)** in Richtung „vorne" ab. Zeitgleich blockst du linkshändig mit **arae makki**.

7. Ohne vorzugehen, machst du nun einen **jumok momdong jirugi**, du bleibst also in **ap gubi**, links vorne und rechts hinten, stehen und machst mit dem rechten Arm den Fauststoß. Dieser muss sofort und ohne Pause nach dem **arae makki** ausgeführt werden.

In dieser Stellung in Richtung „vorne" stehst du mit dem vorderen Fuß nun praktisch schon in Ebene 2. Mit der nachfolgenden Technik begibst du dich ganz auf diese Ebene.

Abschnitt 2: Ebene 2

8. Drehe dich auf dem linken Fuß rechtsherum um 90° in Richtung „rechts 2" im Diagramm. Setze den rechten Fuß vor den linken Fuß in **ap sogi** und führe dabei einen Innenblock zur Körpermitte mit dem linken Arm (**pakkat palmok momdong an makki**) aus.

9. Gehe mit dem linken Fuß weiter in Richtung „rechts 2" in **ap sogi** vor. Mit dem rechten Arm machst du dabei einen Fauststoß zur Körpermitte (**jumok mom-dong jirugi**).

10. Drehe dich jetzt auf dem rechten Fuß linksherum um 180° in Richtung „links 2". Setze den linken Fuß vor dem rechten Fuß in **ap sogi** ab und führe mit deinem rechten Arm **pakkat palmok momdong an makki** aus.

11. Setze den rechten Fuß vor in Richtung „links 2" in **ap sogi.** Mit dem linken Arm machst du wieder einen **jumok momdong jirugi**.

12. Drehe dich nun auf dem linken Fuß rechtsherum in Richtung „vorne". Setze den rechten Fuß vor dem linken Fuß in **ap gubi** ab und blocke mit deinem rechten Arm mit **arae makki**.

13. Bleibe wieder in **ap gubi** stehen und führe sofort nach dem **arae makki** mit der linken Faust einen **jumok momdong jirugi** aus. Dabei machst du einen lauten Kampfschrei (**kihap**).

Wie schon vorhin, stehst du mit dem vorderen Fuß jetzt praktisch bereits in der nächsten Ebene. Sobald du im nächsten Schritt den hinteren Fuß zum vorderen Fuß heranziehst, befindest du dich ganz auf Ebene 3.

Abschnitt 3: Ebene 3

14. Drehe dich auf dem rechten Fuß linksherum in Richtung „links 3" und setze den linken Fuß vorn in **ap sogi** ab. Dabei führst du mit dem linken Arm einen Block zur oberen Stufe (**olgul makki**) aus.

15. Aus dieser Position führst du nun mit dem rechten Fuß einen Fußtritt nach vorne (**ap chagi**), immer noch in Richtung „links 3", aus.

16. Setze den Fuß nach dem Kick vor dem linken Fuß in die kurze Stellung (**ap sogi**) ab und führe mit rechts einen **jumok momdong jirugi** aus.

17. Drehe dich auf dem linken Fuß rechtsherum in Richtung „rechts 3" und setze den rechten Fuß vor dem linken Fuß in **ap sogi** ab. Führe mit dem rechten Arm einen **olgul makki** aus.

18. Nun folgt wieder ein **ap chagi,** diesmal mit links in Richtung „rechts 3".

19. Setze den linken Fuß nach dem Kick vor dem rechten Fuß in **ap sogi** ab und mache mit der linken Faust einen **jumok momdong jirugi**.

Abschnitt 4: Der „Rückweg"

20. Nun beginnt der „Rückweg", der dich am Ende in deine Schlussposition in Ebene 1 führen wird. Drehe dich auf dem rechten Fuß um 90° rechtsherum in Richtung „hinten" im Diagramm und setze den linken Fuß vor dem rechten Fuß in **ap gubi** (lange Stellung) ab. Führe als Technik einen **arae makki** mit links aus.

21. Gehe mit rechts einen weiteren Schritt in Richtung „hinten" in **ap gubi** vor. Mit der rechten Faust führst du dabei einen **jumok jirugi** zur mittleren Stufe (**momdong**) aus. Gleichzeitig mit dem Fauststoß stößt du einen Kampfschrei (**kihap**) aus. Der „Rückweg" ist damit abgeschlossen. Warte in dieser Position auf das Kommando **guman** (beenden), bevor du die **taeguk il jang** komplett abschließt.

22. Auf das Kommando **guman** drehst du dich auf dem rechten Fuß linksherum in Richtung „vorne“. Setze den linken Fuß schulterbreit neben dem rechten Fuß in **chunbi sogi** ab und nimm die **Gumanposition** in Ebene 1 ein.

Damit hast du die erste Form, die **taeguk il jang**, abgeschlossen. Wenn du alles richtig gemacht hast, befindest du dich am Schluss an genau der gleichen Stelle, an der du gestartet bist. Bei den ersten Malen wirst du vielleicht nicht ganz genau am gleichen Platz stehen. Das ist jedoch ganz normal, die Genauigkeit kommt erst mit dem mehrfachen Üben. Am Anfang ist es erst einmal wichtig, sich auf die einzelnen Techniken zu konzentrieren. Je exakter du sie ausführst, desto exakter wirst du am Ende auch auf deiner anfänglichen Startposition stehen.

Tipps:

Achte darauf, dass du vor jeder Drehung deinen Kopf in die Richtung wendest, in die deine nächste Technik gehen soll. Die Übungsformen versinnbildlichen einen Kampf gegen imaginäre Gegner (also Gegner in deiner Vorstellung), gegen die du dich verteidigst. Und schließlich ist es wichtig, einen Gegner erst einmal anzusehen, bevor du eine Technik gegen ihn einsetzt.

Denke an die beiden **kihap** in der Mitte und am Ende der Form. Diese gehören, wie die Arm- und Beintechniken, mit dazu. Ohne sie ist die Form nicht vollständig.

Übe die Form in kleinen Schritten. Übe immer erst einen Abschnitt, bis du meinst, dass dieser sitzt. Füge dann den nächsten Abschnitt hinzu, bis die Form am Ende komplett ist.

3 Hanbon gyorugi

Wie auch schon Micha, lernt Johanna für ihre Gürtelprüfungen Verteidigungs- und Angriffskombinationen im abgesprochenen Kampf. Die gezeigten Techniken sind wiederum Vorschläge, da diese von Schule zu Schule variieren. Als Angreifer assistiert noch einmal Farid (7. **kup**).

Der Ablauf entspricht den Übungen zum 8. **kup**: Farid stellt sich in **chunbi sogi** auf, danach signalisiert Johanna durch die Einnahme der **chunbi sogi** ihre Bereitschaft. Alsdann startet Farid seinen Angriff mit **jumok jirugi** und Johanna verteidigt jeweils mit verschiedenen Techniken.

1. Farid greift rechts mit **jumok momdong jirugi** an. Johanna geht rechts zurück in **ap gubi** und führt links einen **pakkat palmok momdong an makki** aus. Die rechte Hand fasst das rechte Handgelenk von Farid, dann zieht Johanna den linken Fuß zurück in **ap sogi** und führt mit dem rechten Bein **naeryo chagi** über Farids gehaltenen Arm aus.

2. Johanna geht rechts zurück in **dwit gubi** und verteidigt mit **sonnal mom-dong goduro makki**. Die linke Hand fasst Farids rechtes Handgelenk, gefolgt von einem **ap chagi** zu Farids rechter Achselhöhle. Dabei zieht Johanna ihn zu sich heran.

D

3. Johanna verteidigt, indem sie ihr rechtes Bein zurück in **dwit gubi** stellt und gleichzeitig mit links mittels **an palmok momdong pakkat makki** den Angriff abwehrt. Anschließend gleitet Johanna etwas zurück und kickt mit dem rechten Bein einen **dolyo chagi** von außen zu Farids Kopf.

4. Während Farid angreift, gleitet Johanna in **dwit gubi** zurück, um den Abstand zu vergrößern. Dabei nimmt sie zur Deckung ihres Körpers ihre Fäuste in **goduro makki** vor. Anschließend tritt sie mit dem rechten Bein einen **yop chagi** zum Solarplexus oder Kopf des Angreifers.

Mit diesen Übungen ist Johannas Programm für die Gürtelprüfung komplett. Natürlich übt sie außer den neu erlernten Techniken auch immer wieder die Blöcke, Schläge, Tritte und Kombinationen, die sie als Weiß- und Weißgelbgurt gelernt hat. Denn schließlich bedeutet das Fortschreiten im Taekwondo nicht nur das Erlernen immer neuer Techniken, sondern vielmehr das Perfektionieren all dessen, was man sich bisher angeeignet hat. Eine einfache Technik, die man richtig macht, besitzt viel mehr Wirkung als eine komplizierte, die falsch ausgeführt wird.

In diesem Sinne übe auch du immer wieder deine Techniken, sowohl neue wie auch alte, damit diese immer besser werden und du mit ihnen die größtmögliche Wirkung erzielst.

4 Koreanische Begriffe IV

momdolyo yop chagi	gedrehter Seitwärtsfußstoß
paltung	Fußspann
paltung chagi	Halbkreisfußtritt mit dem Spann
gyorugi	Kampf
balbadak	Fußsohle
poomsae	Bewegungsform bzw. Übungsform
taeguk	Größe und Ewigkeit
taeguk il jang	erste Form; Symbol: Himmel und Licht

Schlusswort

Für dieses Mal verabschieden sich Suko und seine Freunde. Sie haben dir alles gezeigt, was du bis zu deiner Prüfung zum 7. **kup** können und wissen musst. Bis dahin wirst du wissen, ob Taekwondo auch *dein* Sport ist und du weitermachen möchtest. Wer weiß, vielleicht besitzt ja auch du eines Tages wie Suko den Meistergrad? Wenn du entschlossen bist, dabei zu bleiben, gibt es im nächsten Band ein Wiedersehen mit den Taekwondo Kids, denn natürlich wird es auch für Fortgeschrittene immer wieder Fragen geben, die beantwortet werden wollen. Und ein praktisches Handbuch zum Nachschlagen ist selbst noch für einen Meister nützlich.

Farid und Suko werden wieder mit dabei sein, außer ihnen wirst jedoch einige neue Gesichter kennen lernen, die dir die Techniken für die fortgeschritteneren Gürtelgrade zeigen werden.

Bevor du das Buch nun zuklappst, schau noch ein paar Seiten weiter in den Anhang. Dort findest du noch einmal alle bisher gelernten koreanischen Begriffe im alphabetisch geordneten Überblick, außerdem noch einige Adressen sowie die beiden Diagramme zum Vier-Seiten-Schlag und zur ersten Form.

Wir wünschen dir viel Spaß und Erfolg bei deinem Training!

ANHANG

Fremdwörterverzeichnis

In diesem Verzeichnis sind noch einmal alle koreanischen Begriffe aufgeführt, die in diesem Band vorkommen.

Zur Aussprache: Sprich ein „S", auch zu Beginn eines Wortes, immer scharf aus wie bei „Glas". Ein „J" wird wie im Englischen gesprochen, z. B. bei „Jumbo Jet". Ein „Ch" wird wie „Tsch" ausgesprochen.

an palmok momdong pakkat makki	Arminnenseitenblock nach außen
ap chagi	Vorwärtstritt
ap chuk	Fußballen
ap gubi	Vorwärtsstellung (lang)
ap sogi	Vorwärtsstellung (kurz)
arae makki	Untenblock
arae	unten (Taille abwärts)
balbadak	Fußsohle
balnal	Fußaußenkante
chuchum sogi	Reiterstellung
chunbi	Konzentrationsstellung einnehmen
dolyo chagi	Halbkreiskick
dubon gyorugi	Zweischrittkampf
dung jumok olgul ape chiki	oberer Faustrückenschlag nach vorn
dwit gubi	Rückwärtsbeugestellung
gyorugi	Kampf
han sonnal arae makki	Handkantenblock nach unten
han sonnal momdong an makki	Handkantenblock nach innen
han sonnal momdong pakkat makki	Handkantenaußenblock
han sonnal olgul makki	Handkantenblock nach oben
han sonnal olgul pakkat chiki	Handkantenschlag nach außen
hanbon gyorugi	Einschrittkampf
hechyo arae makki	beidarmiger Keilblock unten
jumok jirugi	Fauststoß
kihap	Angriffsschrei

kima sogi	Reitersitzstellung
moa sogi	geschlossene Stellung
momdolyo yop chagi	gedrehter Seitwärtsfußstoß
momdong	Mitte
naeryo chagi	Abwärtsfußschlag
olgul makki	Obenblock
olgul	oben
pakkat palmok momdong goduro pakkat makki	Doppelblock nach außen
pakkat palmok momdong pakkat makki	Armaußenseite Block nach außen
palkup dolyo chiki	Ellbogenstoß im Halbkreis
paltung chagi	Halbkreisfußtritt mit dem Spann
paltung	Fußspann
poomsae	Bewegungsform
pyonhi sogi	parallele Stellung
saju jirugi	Vier-Seiten-Schlag
sebon gyorugi	Dreischrittkampf
sonnal hechyo arae makki	beidarmiger Handkantenkeilblock nach unten
sonnal momdong goduro pakkat makki	Doppelhandkantenverteidigung
taeguk il jang	Erste Form; Symbol: Himmel und Licht
taeguk	Größe und Ewigkeit
yop chagi	Seitwärtsfußstoß

Koreanische Zahlen

hana	eins
dul	zwei
set	drei
net	vier
dasot	fünf
yosot	sechs
ilgup	sieben
yodol	acht
ahop	neun
yol	zehn
sumul	zwanzig
sorum	dreißig
mahun	vierzig
suin	fünfzig
yesun	sechzig
irhun	siebzig
yodun	achtzig
ahun	neunzig
paek	hundert
chon	tausend

Verbände und Adressen

World Taekwondo Federation
4 F Joyang Building 113
Samseong-Dong
Gangnam-Gu
Seoul
Korea 135-090
Internet: http://www.wtf.org

Kukkiwon
635 Yuksam-Dong
Gangnam-Gu
Seoul
Korea 135-908
Internet: http://www.Kukkiwon.or.kr

Deutsche Taekwondo Union
Luisenstr. 3
90762 Fürth
Tel 0911 / 9748888
Internet: http://wwww.dtu.de

Deutscher Sportbund
Otto-Fleck-Schneise 12
60528 Frankfurt
Tel 069 / 67000
Internet: http://www.dsb.de

www.taekwondo-specials.de

www.ilyodo.de (deutsch)

www.taekwondo.de (deutsch)

www.wtf.org (englisch)

www.dtu.de (deutsch)

Bildnachweis:

Covergestaltung: Sabine Groten; © Fotolia.com
Grafiken: Volker Dornemann
Lektorat: Dr. Irmgard Jaeger

Bis bald in Taekwondo Kids Band 2!

Vier-Seiten-Diagramm

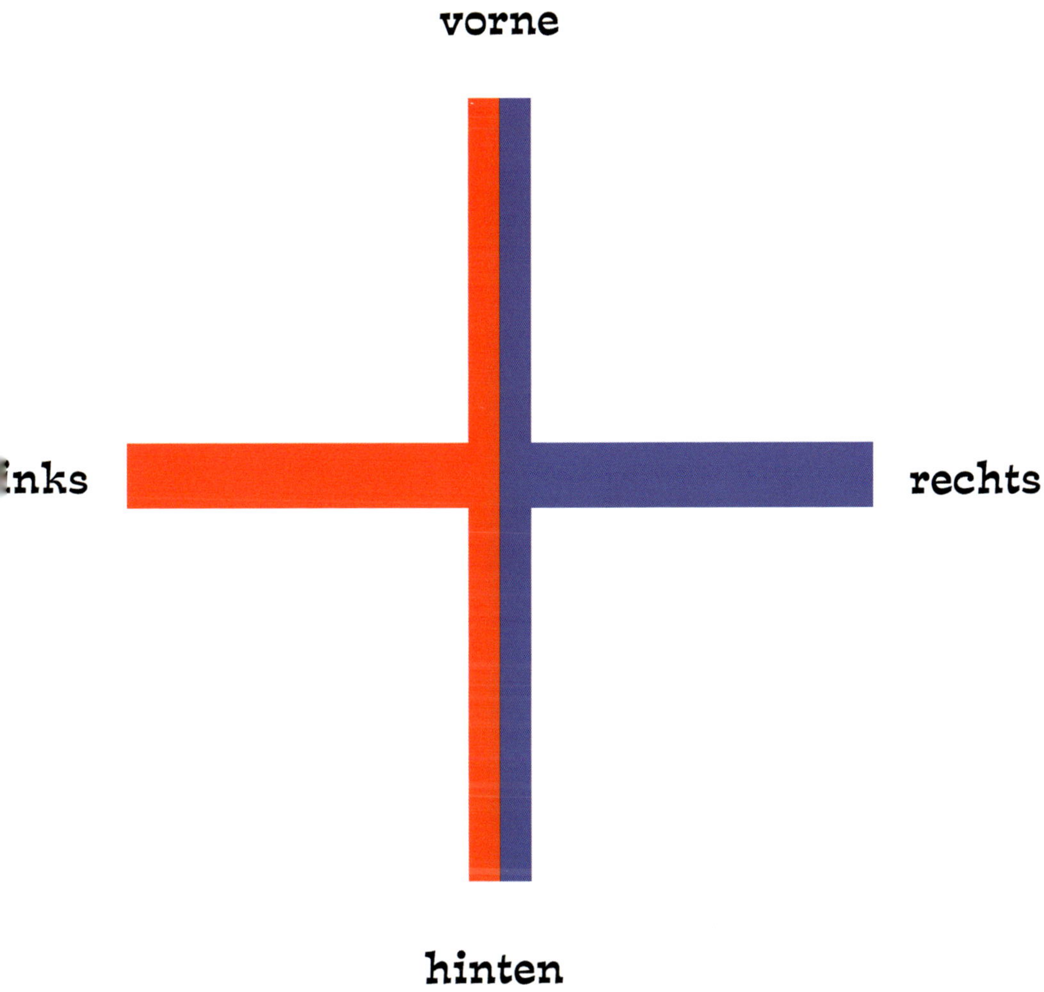

Poomsae-Diagramm

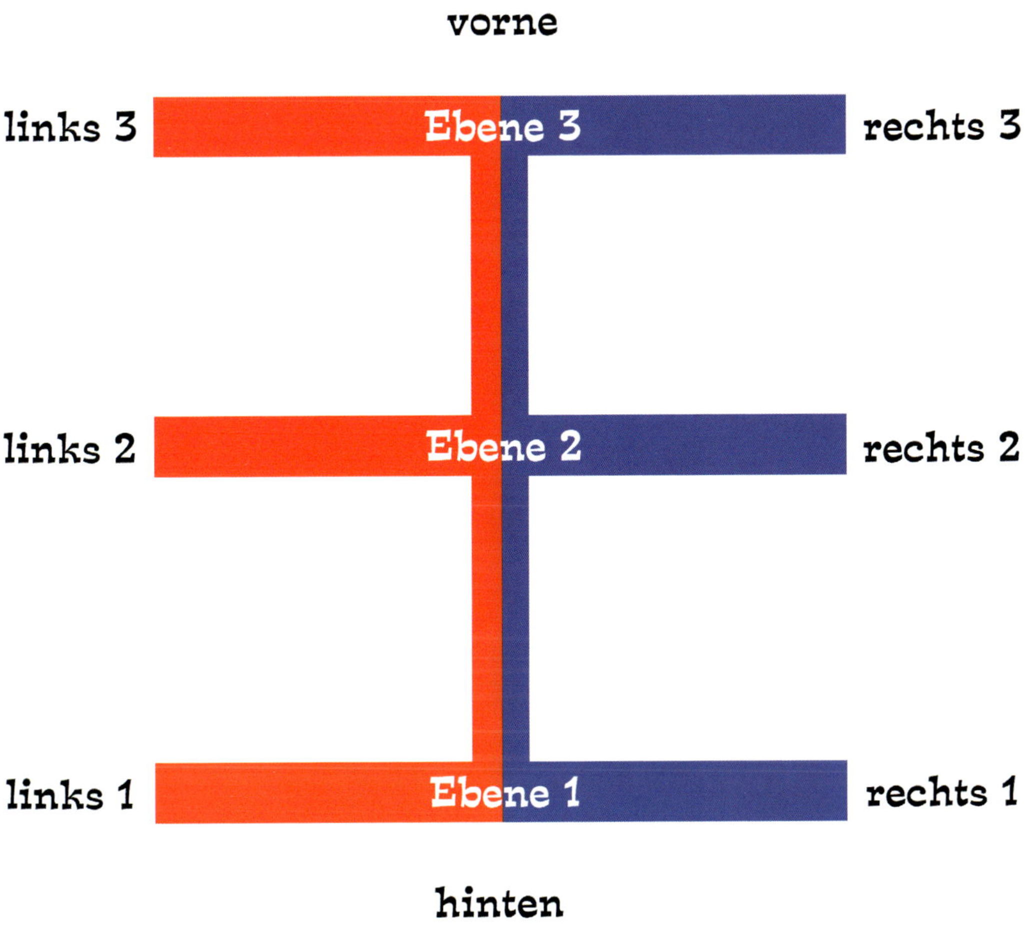

TAEKWONDO IM MEYER & MEYER VERLAG

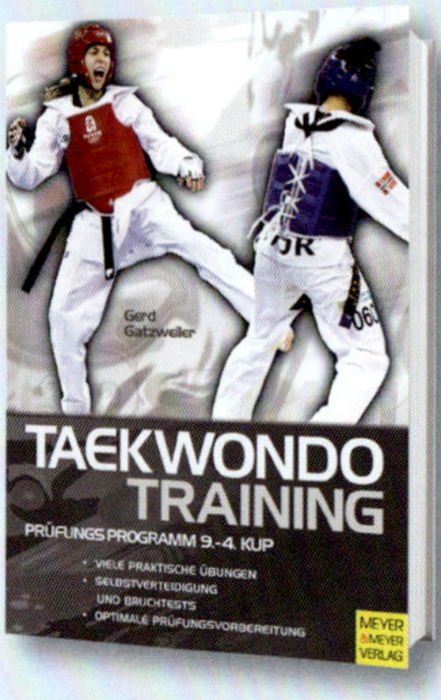

Gerd Gatzweiler

TAEKWONDOTRAINING

PRÜFUNGSPROGRAMM 9. BIS 4. KUP

232 Seiten, in Farbe, 702 Fotos, 6 Abb., 73 Tab.

Klappenbroschur, 16,5 x 24 cm

ISBN 978-3-89899-526-9

€ [D] 18,95/€ [A] 19,50*

ISBN: 978-3-89899-738-6

€ [D] 18,95/€ [A] 19,50*

ISBN: 978-3-89899-523-8

€ [D] 18,95/€ [A] 19,50*

* Preisänderungen vorbehalten und Preisangaben ohne Gewähr! © Thinkstock/iStock

WEITERE KAMPFSPORTTITEL

ISBN: 978-3-89899-600-6

€ [D] 19,95/€ [A] 20,60*

ISBN: 978-3-89899-975-5

€ [D] 16,95/€ [A] 17,50*

ISBN: 978-3-8403-7519-4

€ [D] 24,95/€ [A] 25,70*

ISBN: 978-3-89899-976-2

€ [D] 18,00/€ [A] 18,50*

MEYER & MEYER Fachverlag GmbH
Von-Coels-Str. 390
52080 Aachen

Telefon 02 41 - 9 58 10 - 13
Fax 02 41 - 9 58 10 - 10
E-Mail vertrieb@m-m-sports.com
Webseite www.dersportverlag.de

Unsere Bücher erhalten Sie online oder bei Ihrem Buchhändler.

MEYER & MEYER VERLAG

Abonnieren Sie unseren kostenlosen Newsletter unter **www.dersportverlag.de**

WEITERE KAMPFSPORTTITEL

ISBN: 978-3-89899-786-7

€ [D] 16,95/€ [A] 17,50*

ISBN: 978-3-89899-867-3

€ [D] 19,95/€ [A] 20,60*

ISBN: 978-3-89899-846-8

€ [D] 19,95/€ [A] 20,60*

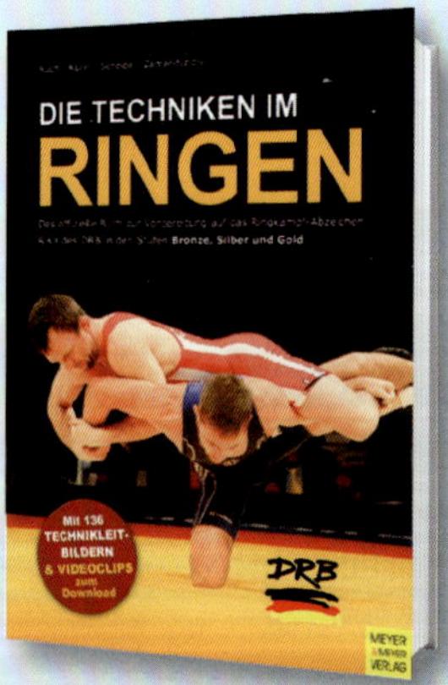

ISBN: 978-3-89899-882-6

€ [D] 24,95/€ [A] 25,70*

* Preisänderungen vorbehalten und Preisangaben ohne Gewähr! © Thinkstock/iStock

MEYER & MEYER VERLAG

MEYER & MEYER
Fachverlag GmbH
Von-Coels-Str. 390
52080 Aachen

Telefon	02 41 - 9 58 10 - 13
Fax	02 41 - 9 58 10 - 10
E-Mail	vertrieb@m-m-sports.com
Webseite	www.dersportverlag.de

Unsere Bücher erhalten Sie online oder bei Ihrem Buchhändler.

TAEKWONDO Kids

DORNEMANN
RUMPF

SYSTEM WTF (POOMSAE)

LESE-PROBE

GRÜNGURT BIS BLAUGURT

MEY & ME VERL

Inhalt

E

1 Beintechniken

miro chagi (Schubtritt)

Du nimmst das angewinkelte hintere Bein nach vorne hoch. Dann streckst du das Bein nach vorne, als wenn du deinen Gegner mit Nachdruck wegschieben willst. Getroffen wird mit der Fußsohle **(balbadak)**.

an pyojok chagi (Fußverteidigung nach innen)

pyojok chagi ist keine Angriffs-, sondern eine Abwehrtechnik mit dem Bein. Du nimmst das hintere angewinkelte Bein nach vorn, Zehen und Spann sind angezogen, und schlägst dann mit der Fußsohle **(balbadak)** einen möglichen Angriff gegen die Körpermitte nach innen weg.

2 Armtechniken

palkup naeryo chiki (Ellbogenabwärtsschlag)

Du stehst in **moa sogi**, holst mit angewinkeltem Arm von weit oben aus und schlägst mit dem Ellbogen seitwärts nach unten.

Du kannst diese Technik verstärken, indem du mit der anderen Hand deine eigene Faust fasst und mit dem anderen Arm den Ellbogen noch kräftiger nach unten schlägst.